JN065329

プロが教える！

「新NISA」お金の増やし方

Lesson
01

預貯金だけでは不安な理由

●銀行に預けておけばお金が増えた時代も今は昔…

¥ 金利では増えず価値も下がる？

子どもの頃、お年玉などのまとまったお金をもらったら、親にいわれて銀行や郵便局などに預けていた人も多いと思います。１９９０年代前半までは、銀行の金利はかなり高い水準で推移しており、ただ預けているだけでお金が増える時代でした。しかしその後バブル経済が崩壊すると状況は一変。90年代後半以降はかなりの低水準で推移しており、銀行や郵便局にただ預けているだけでは貯金は増えなくなってしまいました。

一方、新聞やニュースなどで「インフレ」という言葉が聞かれるようになってきています。インフレとはモノやサービスの値段が継続して上がることを指しており、昔に比べて物価が上がっているのは誰もが感じていることだと思います。ここ数年だけ見ても、円安や原材料高、物流コストの上昇により食品や日用品、電気代、ガス代などが値上がりしています。

このようにインフレが進むと同じお金で買えるモノの量が減ってしまい、実質的にお金の価値が下がってしまいます。たとえば現在から物価が毎年２％上昇すると、現在１００万円のモノは、５年後には約１１０万円、20年後には約１４９万円に上昇します。つまり、現金のまま置いてある１００万円のお金としての実質的な価値が、５年後には約90万円、20年後には約67万円相当まで目減りしてしまうということです。

預金だけではお金は増えない

日本の金利の推移

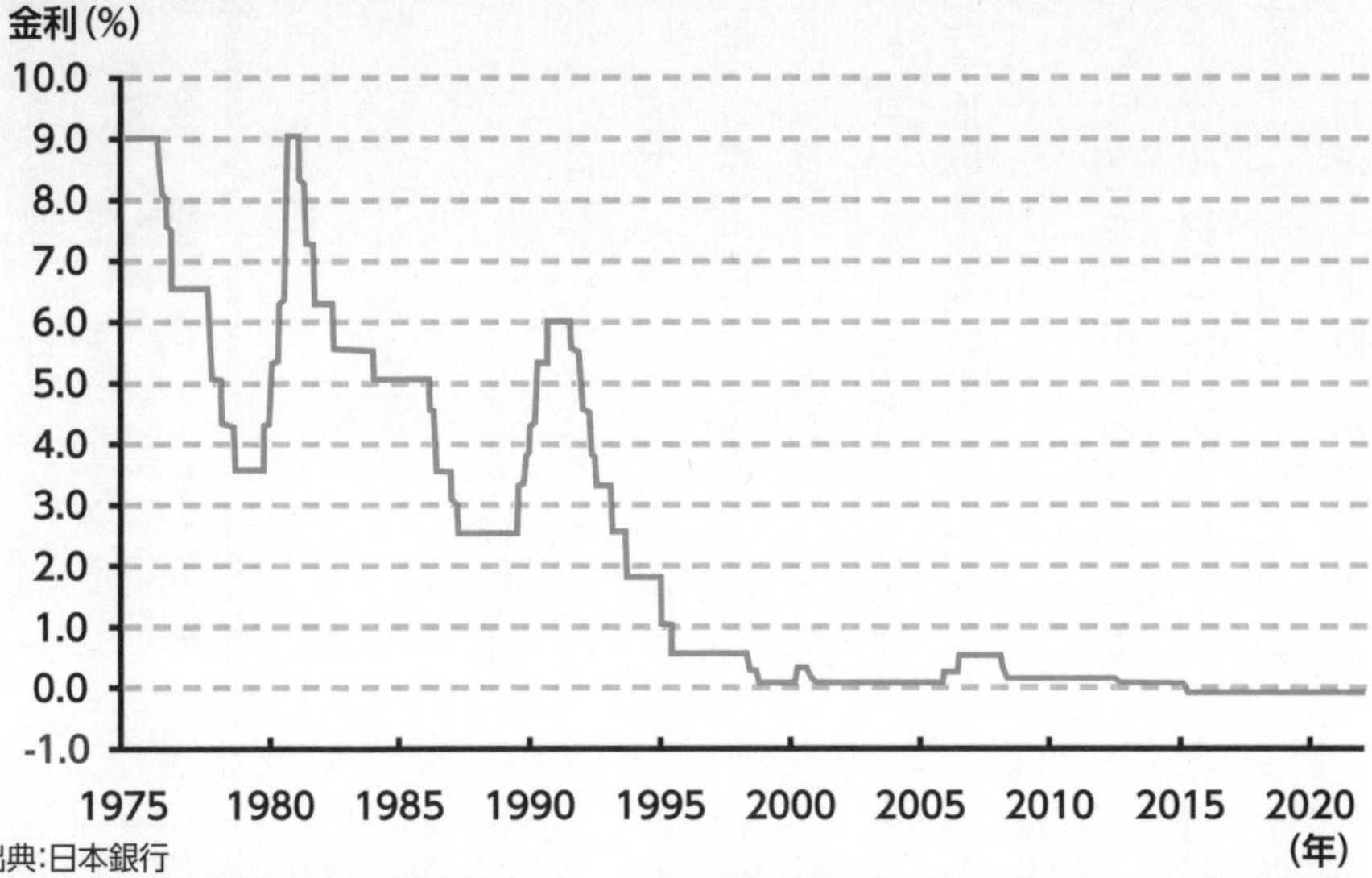

※出典:日本銀行
(注)1995年6月までは公定歩合(基準貸付利率)、それ以降は無担保コールO/N物レートの月中平均金利

インフレ率が2%になると…

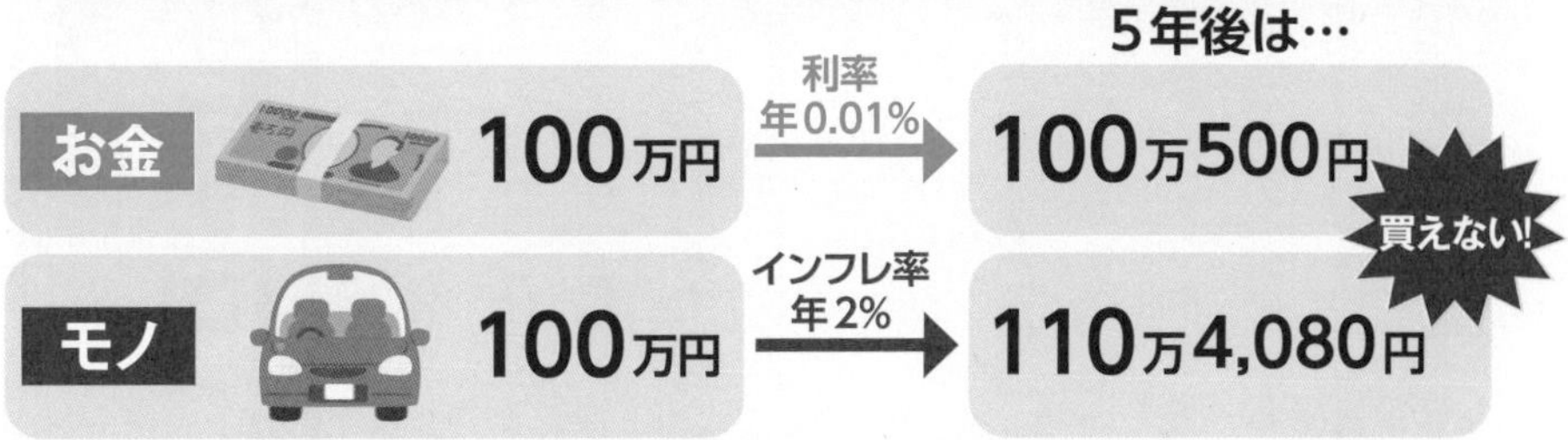

この先もインフレで物価が継続的に上昇すると、預金や預金金利だけでは欲しい物が買えなくなってしまう可能性も。

Lesson

02

●物価は上がるが入ってくるお金は少なく…

年金や退職金も減少傾向に

自分の将来を自分で考える

アメリカやドイツ、カナダといった海外諸国は年収が右肩上がりとなっていますが、日本では20年以上横ばい、あるいは減少傾向にあります。また、定年後は国民年金や厚生年金などの公的年金、あるいは退職金を老後の資金として計画を立てている人も多いかと思いますが、一般的に公的年金支給額や退職金の受け取り額も減少傾向にあります。

たとえば、厚生年金で受け取れる平均年金月額は、２００４年度末では16万８０００円でしたが、２０１４年度末では14万８０００円と減少しています（※）。これは少子高齢化が急速に進んで現役世代が減っているためで、将来的には年金の受取り額はもっと少なくなることが予想されます。また、「人生１００年時代」といわれるように、昔に比べて老後の時間が長くなってきているため、老後の生活費を年金や退職金だけに頼るのは難しいでしょう。

老後のお金以外にも、人生を歩んでいけば、結婚や子どもの誕生、住宅の購入、子どもの教育資金など、お金のかかるイベントが待ち受けています。さらに病気やケガで働けなくなった、急なリストラにあったなどの緊急時のための備えも必要になってきます。そのため、これらのイベントや老後に備えてお金を作る「資産形成」の必要性が増してきているといえます。

※出典：厚生労働省「2016年度厚生年金保険・国民年金事業の概況」

将来のための資産形成を

年金支給額は減少傾向に

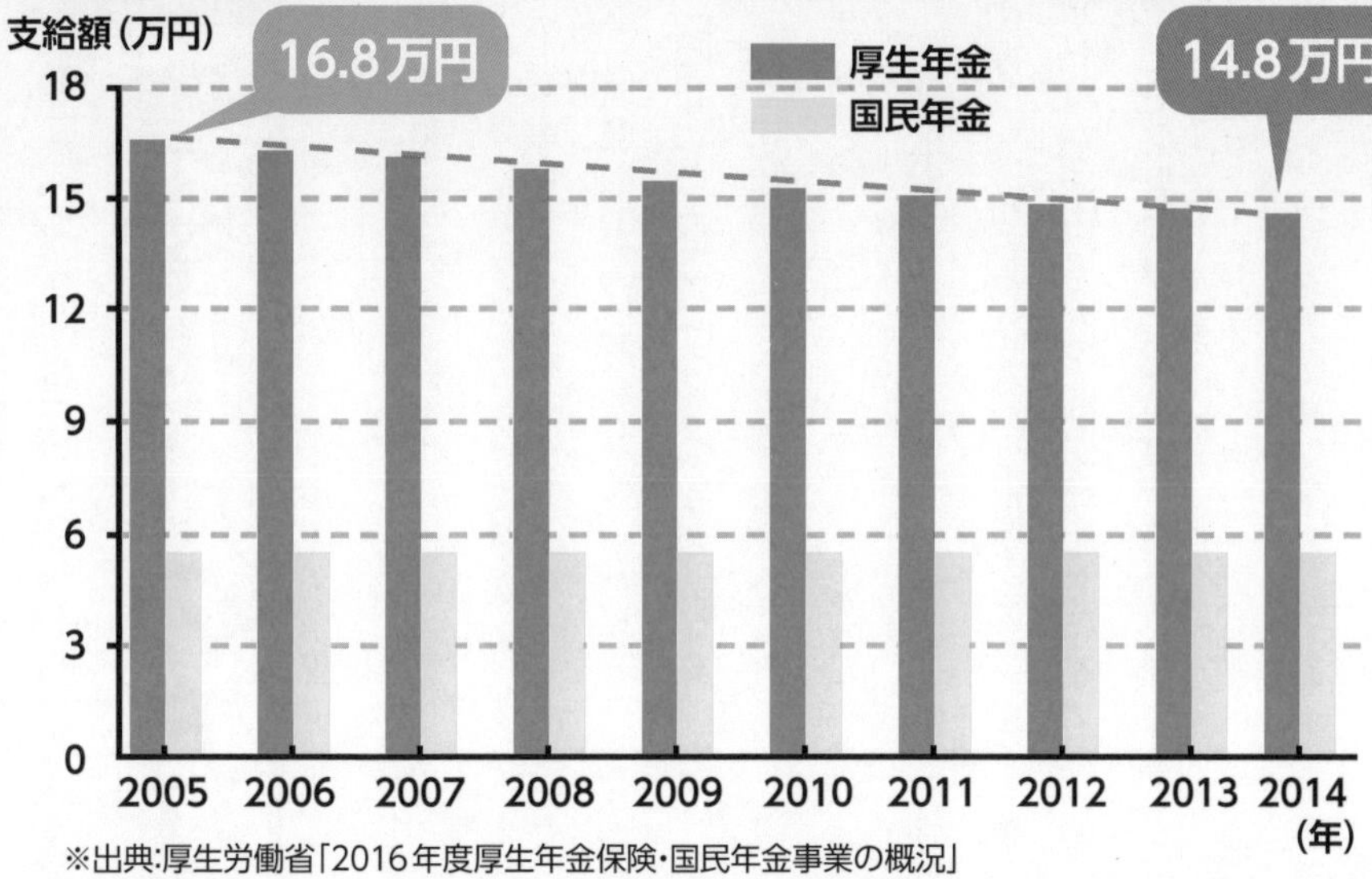

※出典：厚生労働省「2016年度厚生年金保険・国民年金事業の概況」

主なライフイベントとそれにかかる費用

結婚

約**304**万円

結納・婚約〜新婚旅行までにかかった費用総額（全国推計値）

※ゼクシィ 結婚トレンド調査 2022調べ 1万円未満四捨五入

出産

約**47**万円

出産費用の総額（入院料・室料差額・分娩料など）

※厚生労働省「出産費用の実態把握に関する調査研究（令和3年度）の結果等について」より

教育

約**1,002**万円

子ども1人あたりの総額（高校まで公立、大学のみ私立の場合）

※文部科学省「子供の学習費調査（平成30年度）」、「私立大学等の令和元年度入学者に係る学生納付金等調査結果について」より

住宅

約**3,605**万円

建売住宅の平均購入価格（マンションは約4,528万円）

※住宅金融支援機構「2021年度フラット35利用者調査」より

将来のライフイベントや老後の生活などを見据えて、預金だけではなく「資産形成」についても考えていきましょう。

Lesson 03

●長い時間をかけてお金を増やす

資産形成の方法「投資」とは

投資の基本をおさえよう

ライフイベントや老後など、将来のためのお金を準備するには「資産形成」が必要です。そして、資産形成には「貯蓄」と「投資」の2つの方法があります。一般的には「貯蓄」とはお金を蓄えることで、銀行の預金などのことをいいます。「投資」とは利益を見込んでお金を出すことで、株式や投資信託などの購入が「投資」になります。

貯蓄のメリットは「自由にお金を引き出せること」で、日常生活で必要になるお金は、こうした貯蓄の形で持っておくことが大切です。一方、教育資金や老後資金など、将来のために増やしておきたいお金は投資の形で、長い時間をかけて増やしていくのがいいでしょう。ただ、投資の場合は使うときに、資産を売却して現金に替えるといった一定の手順を踏む必要があります。時間がかかる場合もあるため注意しましょう。

また投資には、中長期的に行うことで、投資資金を運用して得られた利益がさらに運用されて増えていくという「複利」の効果があります。投資期間が長いほど複利効果も大きくなる傾向があり、投資による価格変動リスクも小さくなるため、安定した収益が期待できます。

投資には利益が見込める一方で、購入した株価が下がったり、金利の変動といったリスクもあります。ただ、リスクを減らすための方法もあるので、詳しくは本書で勉強していきましょう。

投資は時間をかけて増やす

投資期間と複利の関係

▶投資リターンを年10%と想定し、初年度に100万円投資した場合

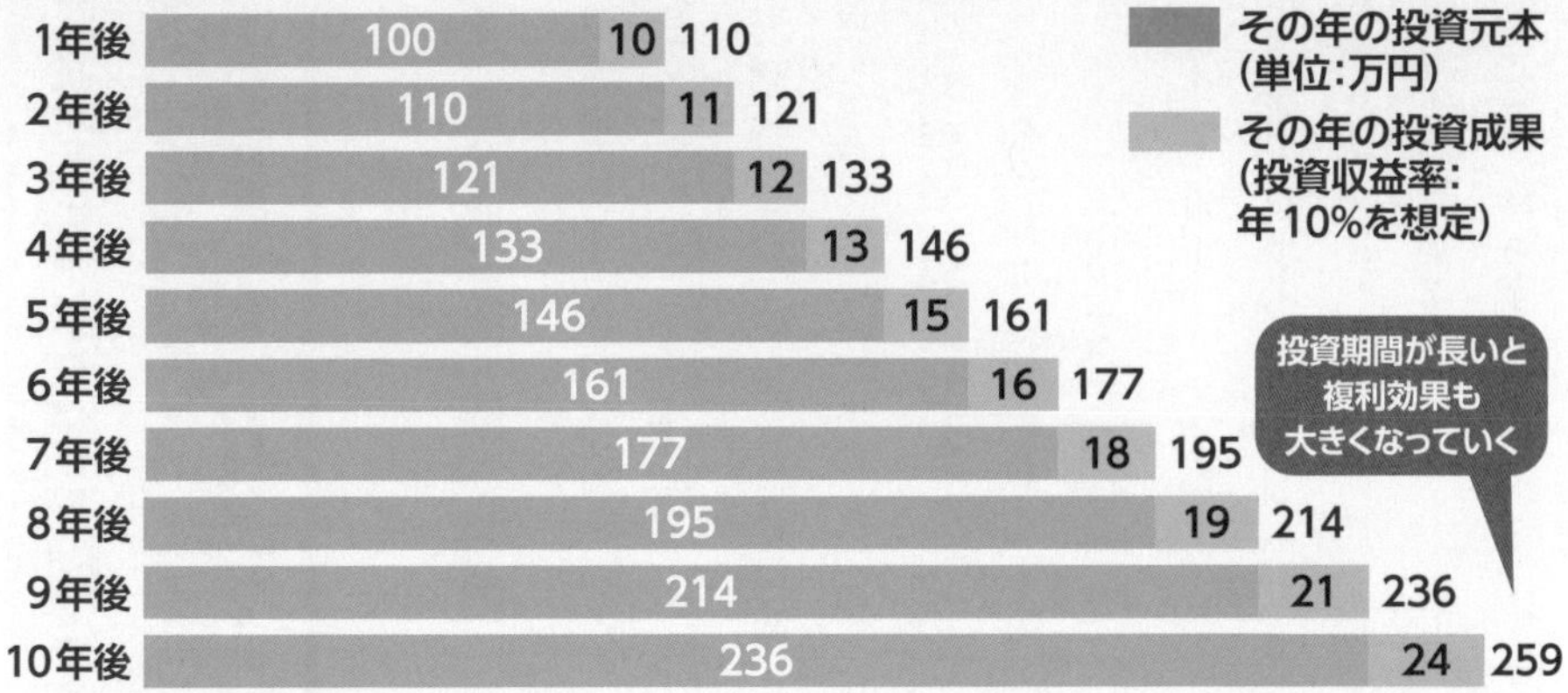

投資のリスクも理解しておこう

株価変動リスク	株（株式）の価格が上下する可能性のこと。
信用リスク（デフォルト・リスク）	株式や国債・債券などを発行している国や企業が、財政難や経営不振などを理由に投資家から預かっていたお金（元本）や利息の一部または全部を返済する能力がなくなる可能性のこと。
流動性リスク	市場（マーケット）で金融商品を売りたいときに売ることができなかったり、希望する価格で売れなかったりする可能性のこと。
金利変動リスク	金利の変動によって、債券の市場価格が変動する可能性のこと。金利が上昇すると、債券価格は下落し、金利が低下すると、債券価格は上昇する。
為替変動リスク	異なる通貨の為替相場の動きにより、外貨建ての円換算による金融商品の価値が変動する可能性のこと。

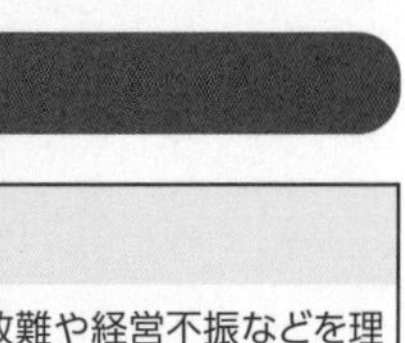

投資で購入する株式や投資信託といった商品に関しては、61ページから詳しく解説していきます。

Lesson 04

● 少額投資が可能で得られた利益が非課税に

投資初心者でも安心のNISA

¥ 個人投資家のための税制優遇制度

投資で株式や投資信託などの金融商品を購入した場合、これらを売却して得た利益や受け取った配当に対して、通常約20％の税金がかかります。これに対して、NISA（※）は「NISA口座」内で、毎年一定金額の範囲内で購入したこれらの金融商品から得られる利益が非課税になる制度です。さらにNISAは「少額投資非課税制度」という名前の通り、少額から投資できるというメリットもあります。これらのメリットから、NISAは「これから投資を始めたい」という初心者にもオススメの制度となっています。

NISAは2014年から始まった制度で、開始時は「一般NISA」のみとなっていました。その後、未成年を対象とした「ジュニアNISA」が2016年から、長期・積立・分散投資を支援するための「つみたてNISA」が2018年からスタートしました。

これらの3つのNISA制度は2023年いっぱいで終了し、2024年からは新しいNISA制度が始まることが決まっています。新NISAはこれまで同様、金融商品から得られる利益が非課税になるという点はもちろん変わりません。最大の変化は、これまで期間限定だったNISA制度が恒久化されるということです。

現行NISAや新NISAについては、本書21ページから詳しく解説していきます。

※イギリスのISA（個人貯蓄口座）をモデルにした日本版ISAとして、NISA（ニーサ）という愛称がついています。

NISA制度の特徴とは

現行NISAは3種類に分かれている

一般NISA

- 投資で得られた利益が5年間非課税になる制度
- 株式や投資信託などで運用する
- 年間投資枠120万円

つみたてNISA

- 年間40万円までの投資で得られた利益が20年間非課税になる制度
- 投資信託の積み立てで運用する
- 年間投資枠40万円

ジュニアNISA（日本に住む未成年が利用可能）

- 年間80万円までの投資で得られた利益が5年間非課税になる制度
- 株式や投資信託などで運用する
- 年間投資枠80万円

新NISAは一般NISAとつみたてNISAを一本化

新NISA

- 年間120万円までのつみたて投資枠と240万円までの成長投資枠がある
- 非課税保有期間は無期限に

2023年のうちにNISAを始めておけば、現行NISAと新NISAどちらの非課税枠も使えるというメリットがあります。

Lesson 05

投資でお金に働いてもらおう

●長い時間をかければかけるほどお金は増えていく

¥ 積み立てシミュレーションを確認

投資とは言い換えれば「お金に働いてもらうこと」で、お金自身にお金を増やしてもらうことです。しかし、今まで投資をしたことがない人にとっては、「いきなり多くのお金を投資にまわすのが怖い」「投資に興味はあるが、最近の物価高騰であまり多くのお金を投資にまわすことができない」という人も多いかと思います。そういう人は、NISAのメリットでもある「少額投資」から始めてみましょう。月々数千円程度からスタートして、まずは投資に慣れてください。投資のやり方がわかり、面白さを感じたり、お金が増えていくと実感できた人は、余裕資産で毎月の投資額を増やしてみましょう。投資に回すお金が増えれば、利益として得られるお金も大きくなります。

ここでは月5000円、月1万円、月2万円ずつ積み立て、年利8%で運用。生まれた利益も、全部投資にまわした場合のシミュレーショングラフを11～13ページに示しています。最初の数年の利益は非常に微々たるもので、月々2万円ずつ、年利8%で運用できたとしても、1年後の利益は約9000円ですが、3年後の利益は約9万円、5年後の利益は約27万円、そして8年後は約76万円です。複利効果は長く続けるほど大きくなります。10年後には投資額のおよそ半分となる約126万円もの利益を得られる可能性があります(※)。

※あくまでシュミレーション上の数値です。実際には景気変動などがあるため、必ずこうなるとは限りません。

月々5,000円で積み立てると

▶年利8%の商品を10年間運用

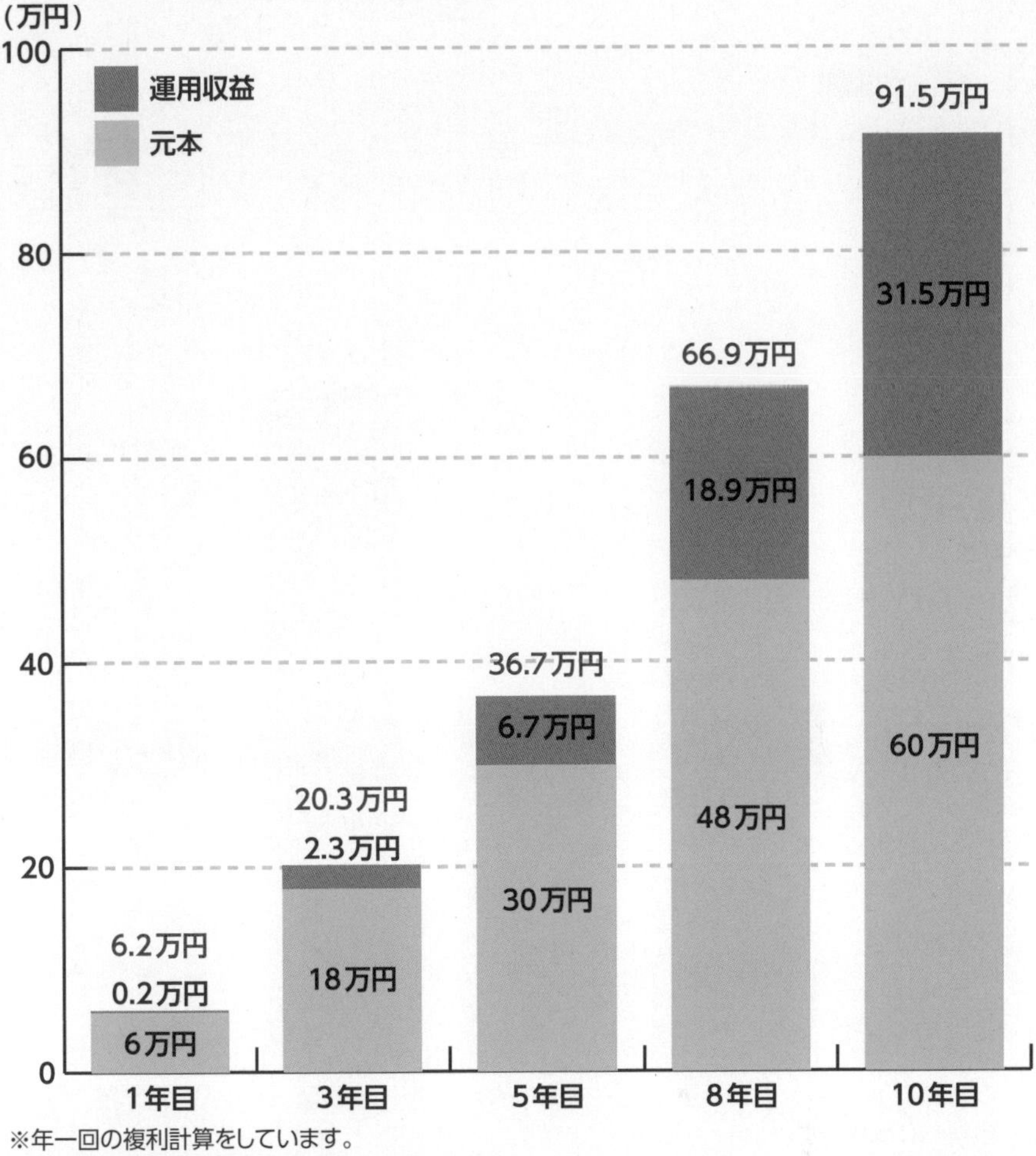

※年一回の複利計算をしています。
※計算結果は小数点以下を四捨五入しています。

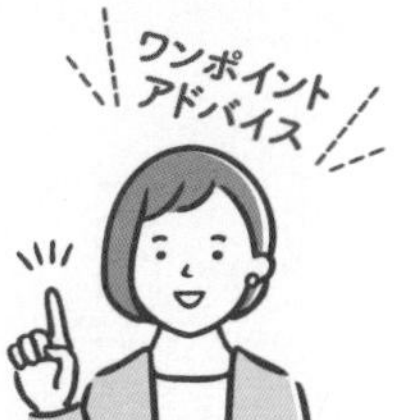

月々5,000円づつではやはり増え方もそう大きくはありませんが、長く続けるほど利益が増えていってますね。

月々 10,000円で積み立てると

▶年利8%の商品を10年間運用

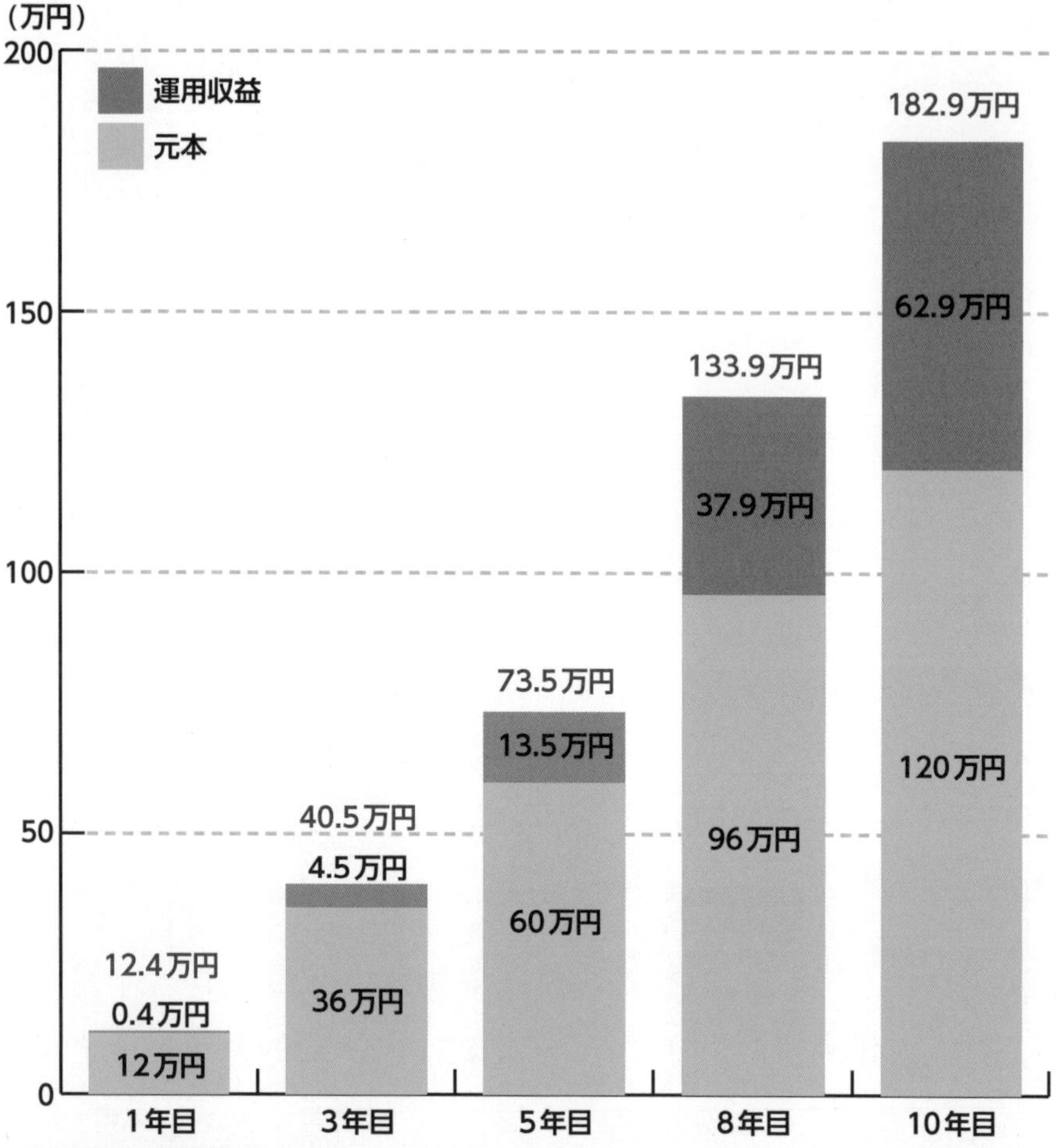

※年一回の複利計算をしています。
※計算結果は小数点以下を四捨五入しています。

月々 10,000円づつだと5年目では73.5万円、10年目では182.9万円。なかなかの増え方です。

月々 20,000円で積み立てると

▶年利8%の商品を10年間運用

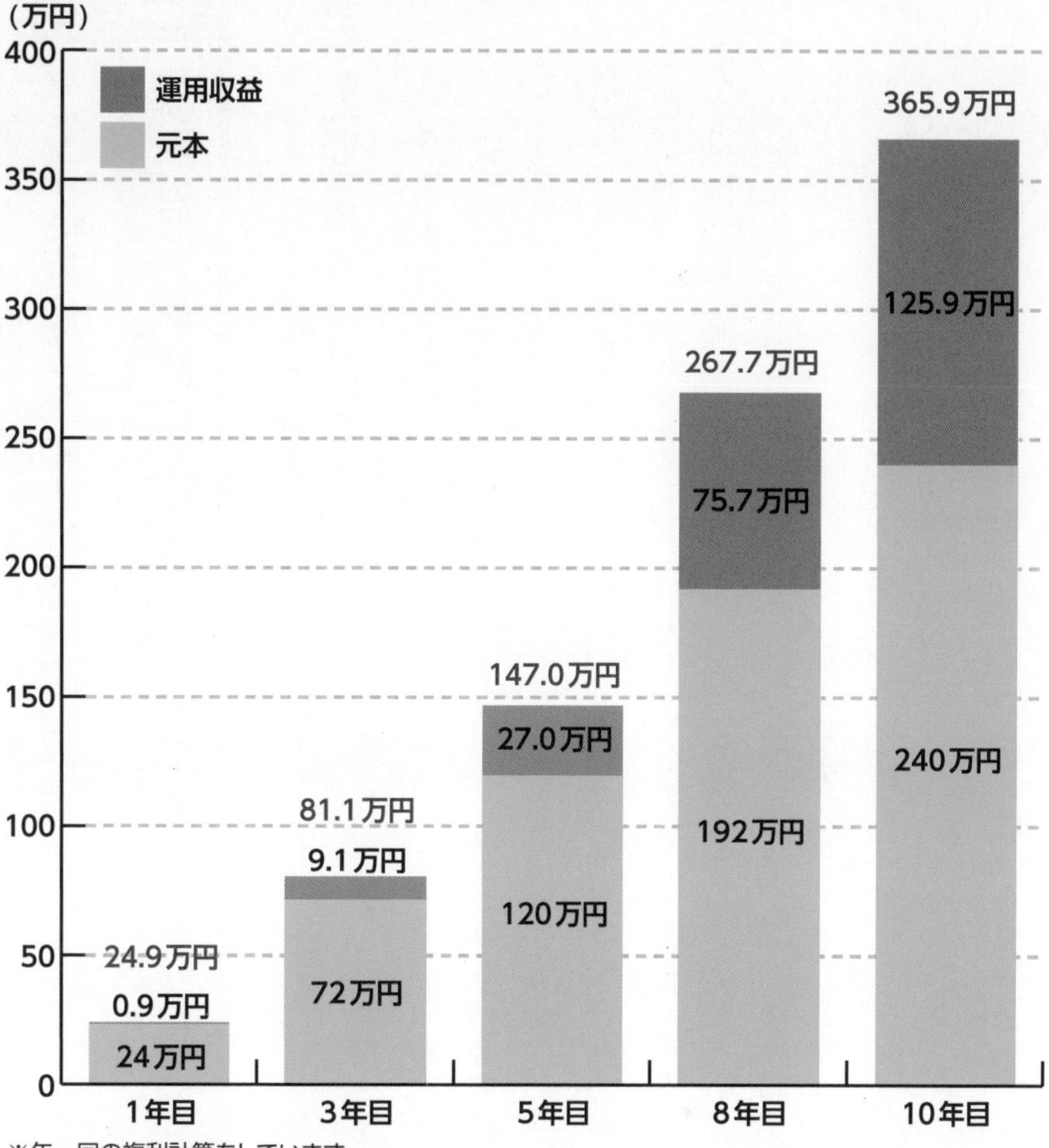

※年一回の複利計算をしています。
※計算結果は小数点以下を四捨五入しています。

やはり月々 5,000円に比べると利益の増え方が違います。1年目でもすでに1万円近く利益が出ています。

Lesson 06

投資の目的を見失わないこと

お金を貯めるための目標は明確にしておこう

本末転倒な投資にならないこと

NISAやiDeCoは口座開設にややこしい手続きが必要ですが、税制優遇や銀行よりもお金が増えるため、オススメしたいのは間違いありません。ただ、資産運用、特に株式投資を行っている人のなかには「お金が増えること自体が楽しくなってしまい、そちらが目的になる」という人も。もちろんこれはこれで楽しく、達成感もあるかもしれませんが、本来の目的はなんらかの目標のためにお金を確保したいと考えて、NISAやiDeCoを利用し始めたはずです。

本書ではNISAやiDeCoの概要やメリット、魅力などを紹介し、オススメしています。本書を読んでもらった結果、みなさんがNISAやiDeCoを始めてくれるのは大変ありがたいことですが、たとえば、子どもの教育費としてもともと積み立てていた定期預金などのお金を、投資に振り替えるというようなことはやめましょう。

定期預金のお金は「子どもの教育費」という明確な目的があるため、「その積み立てはキープしつつ、老後の準備として新たにNISAやiDeCo用に毎月いくらかずつ積み立てるお金を確保する」というのがオススメです。

このようにお金を貯める目的や必要な時期、目標となる金額といったイメージをしっかり持っていれば、自分を見失うことなく継続的に積立投資ができるはずです。

投資の目標を見失わないために

3つの具体的なイメージを持とう

何にお金が必要か

- 結婚や出産、教育資金、住宅資金といったライフイベントを見据える
- 自分の将来について考える

いつ必要になるのか

- 住宅資金や老後資金などは、必要になる時期がある程度わかると思うので計算しやすい
- 結婚や出産は住宅資金と一緒に貯めておこう

いくらくらい必要か

- 必要金額がわからない場合は、サイトなどで検索して平均額を調べておこう
- 目標金額があれば継続的に貯められる

明確な目標や金額設定があれば、未来に向けて計画的にお金を積み立てていくことができるはずです。

監修者紹介

※本書の執筆にあたり、監修者による情報提供・指導を受けておりますが、記述内容はすべて編集部の認識に基づくものであり、文責は編集部にございます。本書の内容に関して監修者へお問い合わせいただいても、いっさいお答えすることはできません。ご了承ください。

山内 真由美（やまうち まゆみ）

FPオフィス「ライフ&キャリアデザイン」
ファイナンシャル・プランナー（CFP®）

1969年生まれ 北海道出身
東京多摩地区で双子の女の子を育てながらFP活動をしています。

経歴

1992年3月 小樽商科大学 商学部 経済学科卒業
1992年4月 乳製品メーカー入社　初任地　札幌
2002年3月 夫の転勤に伴い退職し、東京へ転居
都市銀行契約社員（渉外担当）、幼稚園・小学校のPTA役員
大学のキャリアセンター臨時職員など経験

保有資格

2006年 二級ファイナンシャル・プランニング技能士
2006年 DCプランナー2級
2007年 AFP（日本FP協会認定）登録
2012年 年金アドバイザー3級
2016年 証券外務員2種
2016年 生命保険募集人試験（一般、専門、変額試験 合格）
2020年 CFP（日本FP協会認定）4月登録
2021年 国家資格キャリアコンサルタント

得意なこと

「家計の見直し相談 家族のライフプラン相談」
転勤妻のライフプラン、不妊治療費用、双子の子育て費用小学校受験費用
晩産ファミリーの教育費と老後費用準備の両立など
自身の経験に基づくアドバイスを必要としているご家族へ。
ご家族のお金に関する不安に寄り添います。

YouTubeチャンネル

URL:https://www.youtube.com/@fp6922/featured

おもな事業内容

・ファイナンシャルプランナー事務所
・地域の家族のライフプランとマネープランの作成支援および実行支援
・個別相談業務による家族のお金の問題解決支援
・家計の見直し相談
・セミナーまたはワークショップによるお金の意識と知識向上のお手伝い

事務所所在地

〒180-0003
東京都武蔵野市吉祥寺南町2丁目2－5
アスコーナミエビル6F
ワイムビジネスプラザ吉祥寺 610

FPオフィス　ライフ&キャリアデザイン

URL:https://fplifecareer.jimdofree.com/

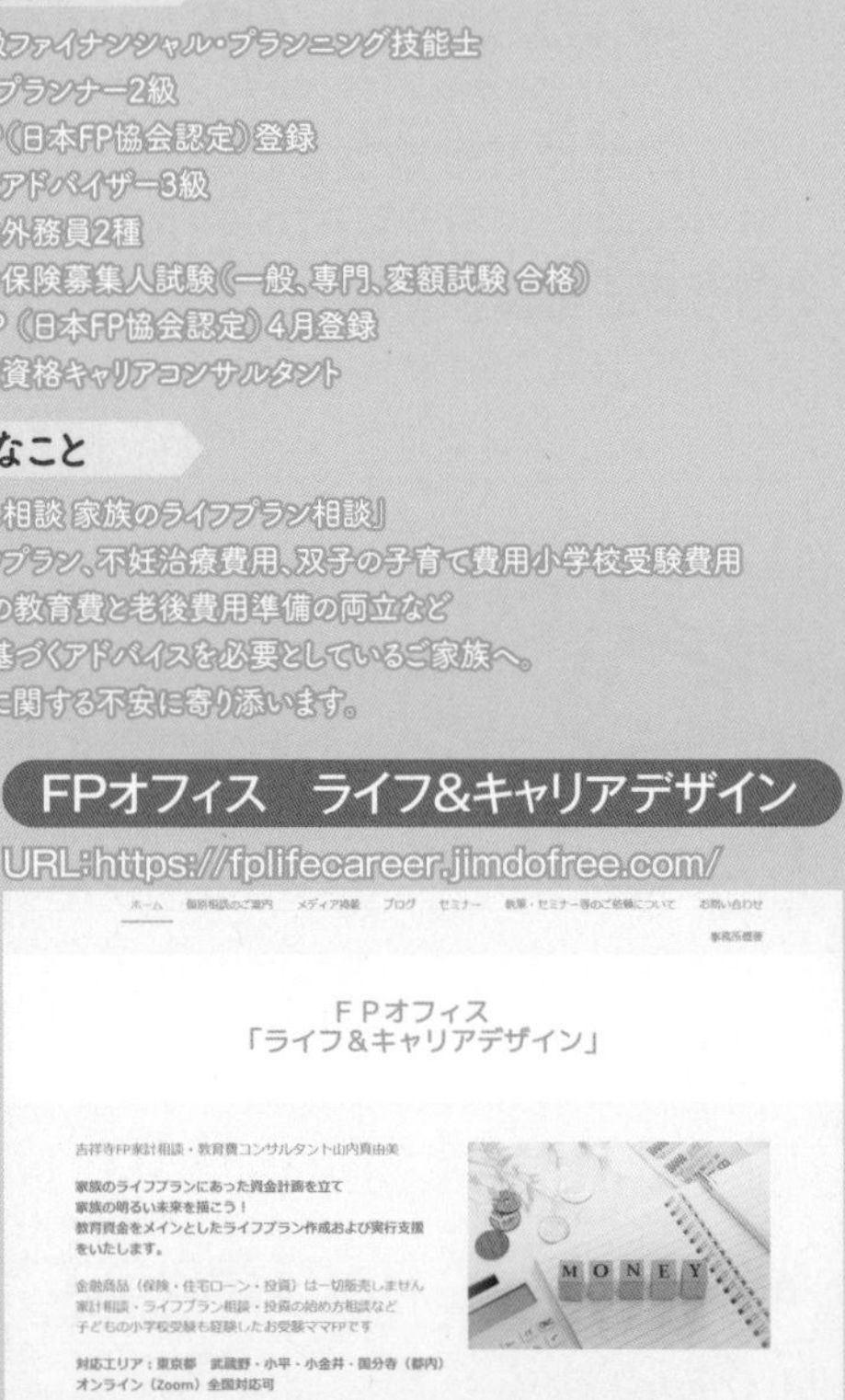

CONTENTS

注意事項

本書の掲載内容は、2023年11月6日時点での、法令・制度等に依拠しています。それ以降の法改正、制度変更等には対応しておりません。あらかじめご了承ください。

本書における個別の金融商品に関する記述は、本書執筆時点で入手可能な情報に基づいた編集部の判断に基づくものであり、顕在化・潜在的なリスクや不確実性が含まれております。そのため、将来の経済環境の変化等のさまざまな要因により、実際の業績等は影響を受けることが予想されます。

本誌で紹介したテクニックを利用したことによる、いかなるトラブルや損害についても、弊社ではいっさい責任を負うことができません。必ず同意のうえご利用ください。

1章

NISAの基本としくみ

まずは基本となるNISAの特徴やメリット、口座開設のしかたや商品購入までの大まかな流れ、そして現行NISAと新NISAの違いなどを解説していきます。

Lesson 01

投資を始めようと思っている人にピッタリな制度

NISA最大のメリットとは

投資初心者にもオススメしたい

2014年1月からスタートした「NISA」は、投資初心者や少額から投資を始めたい人のための非課税制度です。この制度名からわかるように、NISAには「利益が非課税（※）になる」というメリットがあります。

たとえば株取引や一般的な投資によって利益が出た場合、約20％の税金が課せられます。しかしNISAなら、利益にかかる税金はなんとゼロ。その利益をさらに再投資に回せば、より多くの資産形成ができるでしょう。ただし、現行のNISAと2024年から始まる新NISA、それぞれで限度額が異なりますが、この非課税になる投資金額には上限があります。

NISAのもうひとつのメリットは、「少額からでも始められる」ということです。投資初心者の人の中には、投資を始めるためにはある程度まとまった資金がいるのではないか、と考える人もいるかもしれません。しかし、NISAで投資可能な銘柄の中には1株単位（単元未満株）で購入できるものもあり、数千円で買付も可能なため、無理のない金額から投資できます。その後、投資に慣れてきたら金額を増やしていきましょう。

NISAにはこのように投資家をサポートしてくれる大きなメリットがあります。これから投資を始めてみたいという人は、ぜひ検討してみてください。

※投資によって得た売却益や配当金・分配金が非課税となる。

NISAのメリットとは

売却益や配当に税金が課せられない

NISA口座の場合

利益が全額非課税

投資によって得た売却益、配当金、分配金に税金がかかりません。

その他の口座の場合

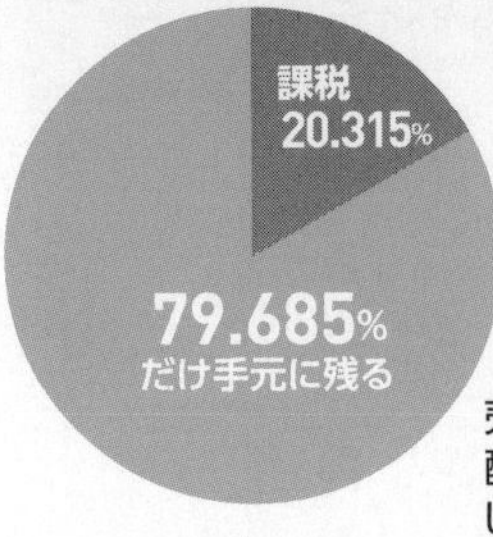

利益の20.315%が課税対象

売却益、配当金、分配金といった利益に対して、20.315%の税金が課せられます。

たとえば…

株取引で100万円儲けた!!

特定口座だと
約80万円 しか残らない…

NISA口座なら
100万円まる儲け!

少額からでも投資を始められる

証券会社によっては、毎月100円や毎日100円ずつ積み立てられるため、一般的な家庭や個人でも無理なくNISAを始められます。

初めて投資をする場合は無理のない金額から始めて、慣れてきてから徐々に投資する金額を増やしていきましょう。

Lesson 02

現行NISAについて

●2023年いっぱいまではこちらの制度

3種類のNISAとその問題点

2024年から制度が大きく変わるNISA。現行のNISAと比べてどこが改善されたのかを詳しく見ていきたいところですが、ここではまず2023年いっぱいまで使える現行のNISAをまず勉強していきましょう。

現行のNISAは「一般NISA」「つみたてNISA」「ジュニアNISA」の3種類があります。もちろん「投資で得た利益が全額非課税」という特徴は共通していますが、非課税運用期間や非課税投資枠などの細かい部分で違いがあります。とくに現行のNISAでは「NISA口座はひとり1口座」と決まっており、一般NISAとつみたてNISAを併用することはできません（※）。

また、制度自体や非課税運用期間も期間限定という問題がありました。そのため、一般NISAやジュニアNISAは非課税運用期間が終わったら、「ロールオーバー」という手続きをして非課税運用を続けるか、資産を売却するか、課税口座に移して運用を続けるかを選ばなくてはなりませんでした。つみたてNISAも、20年を超えて運用することはできませんでした。

さらに現行NISAでは、買った商品を一度売って現金化した場合、その分の非課税枠が消滅してしまうという特徴があります。NISA内での短期売買の繰り返しを防ぐためのしくみですが、こちらも利用者からは不評でした。

※ジュニアNISAは未成年用のNISA制度。未成年は一般NISAやつみたてNISAを利用することはできません。

現行のNISAをおさらい

3種類あるNISA

	一般NISA	つみたてNISA	ジュニアNISA
非課税運用期間	**5年** 2023年で現行NISAは廃止となるため、ロールオーバーはできなくなった	**20年**	**一般NISAと同じ** ただし2023年以降に非課税期間が終了するものは18歳まで非課税で継続保有できる
非課税投資枠	**年120万円まで** (最大600万円)	**年40万円まで** (最大800万円)	**年80万円まで** (最大400万円)
扱う商品	ほぼすべての株式・投資信託・ETF・REIT	246本の投資信託と8本のETFのみ	一般NISAと同じ
買い付け方法	通常の買い付け・積み立て	積み立てのみ	一般NISAと同じ
目的	自由	自由	自由 ただし子どもや孫の進学・就職など将来のための投資として
引き出し	制限なし	制限なし	原則18歳まで引き出せない
売却した場合	非課税枠が消滅し、復活しない		
備考	併用不可。23年から18歳で利用可能		23年末で終了

※2023年10月1日時点のデータ

2024年以降、ジュニアNISAは払い出し制限がなくなり、18歳未満でも非課税で引き出し可能になります。ただし、払い出すにはジュニアNISA口座を廃止する必要があります。(山内)

Lesson
03

一般NISAとつみたてNISA

●2つのNISAの違いを確認しておこう

¥ それぞれの特徴を押さえておこう

25ページで紹介したとおり、NISAには「一般NISA」「つみたてNISA」「ジュニアNISA」がありますが、ここでは一般NISAとつみたてNISAについて解説していきます。現行の制度では、一般NISAとつみたてNISAは併用することができないため、2023年中にNISAを始めたいという人は、この2つのNISAの違いについて確認しておきましょう。

まず大きな違いとして、非課税投資枠と非課税期間が異なります。一般NISAは非課税投資枠が年間120万円（※）で、年間40万円のつみたてNISAと比べて多くなっています。一方、一般NISAの非課税期間は5年と設定されており、20年のつみたてNISAと比べると短めになっています。また購入できる商品は、一般NISAの方が幅広いという特徴があります。つみたてNISAの場合、自動で積み立てが継続できるので手間がかからないというメリットがあります。

どちらのNISAを選ぶかは、運用スタイルによって変わってきます。短期決戦で大きなリターンを得たい場合は一般NISA、長期間でコツコツと資産運用をしたいならつみたてNISAがオススメです。非課税運用期間や2023年の残りでどれだけ投資できるかなどを考慮して、一般NISAまたはつみたてNISAのどちらで資産運用するのがよいか判断しましょう。

※2023年中に使い切れなかった未使用分があっても、翌年以降への繰り越しはできません。

一般NISAとつみたてNISAの違い

非課税投資枠や非課税期間が異なる

一般NISA

非課税投資枠	年間120万円
非課税期間	5年
投資可能期間	2023年末まで
投資方法	自身のタイミングで商品を購入

こんな人に向いています

- 投資で利益を大きく増やしたい（リスクもある）
- 配当金や株主優待なども求めたい
- 年間で40万円以上投資する予定がある
- 海外株式など、幅広い商品選択をしたい
- 平日に投資の情報収集を行える
- 5年以内に大きな出費がある
- 2023年以内に100万円以上投資できる余裕がある

つみたてNISA

非課税投資枠	年間40万円
非課税期間	20年
投資可能期間	2023年末まで
投資方法	自動で積み立て

こんな人に向いています

- 投資のための資金が少ない
- リスクを抑えて投資したい
- 金融商品に関する知識があまりない
- 年間で40万円以上投資する予定がない
- 老後のための資金を作っておきたい
- 預金代わりとして資産を増やしたい
- 新NISAとも併用して長く積立投資をしたい

2023年中からNISAを始める場合は、2042年まで非課税期間があるつみたてNISA、もしくは、2027年までと非課税期間は短いですが、年120万円の枠がある一般NISAか、どちらかを選択します。

Lesson 04

一般NISAを選んだ人は避けて通れない

非課税期間終了後の選択肢

どちらにするかを決めておこう

一般NISA枠で購入した商品は、非課税期間（5年）が終了すると課税対象になり、自動的にNISA口座から一般口座もしくは特定口座に移されます（移管）。もちろん、「売却」という選択肢も選べます。それぞれの選択肢には、29ページで紹介しているように、メリットとデメリットがありますので、状況に応じてどちらがベストかを考えておきましょう。

2022年までは非課税期間終了時の選択肢として「ロールオーバー」があり、新たな非課税枠に既存の非課税投資枠で保有している商品を引き継ぐことができました。しかし、2023年で現行のNISAが終了するため、2023年末に非課税期間が終了した商品についてはロールオーバーができなくなりました。そのため、非課税期間終了後は課税口座への移管かその前に売却するかを選ぶ必要があります。したがって、現行NISAで購入していた商品を新NISAでも引き続き運用したい場合は、一旦売却してから新NISAで買い直す必要があります。その際、なるべく売却と再購入の差額をなくしたい場合は、売却と一緒のタイミングで購入するようにしましょう。

また、前述のように非課税期間終了後は自動的に課税口座に移管されます。うっかり処理を忘れてしまうと、場合によっては大きく損をしてしまうこともあるので気をつけましょう。

非課税期間終了後の商品の扱いかた

非課税期間終了時の選択肢

非課税投資期間終了時に いずれかを選択

課税口座に移管
NISA口座から通常の課税口座へと移動。非課税期間終了前に売却しなかった場合、自動的に移管扱いとなります。

年内に売却
非課税期間終了前に所有している商品をそのまま売却。売却すれば、その時点で利益や損失が確定します。

▶それぞれのメリットとデメリット

課税口座に移管するときのメリット

❶非課税のメリットは得られないが、将来株価が上昇した際の値上がり益は獲得できます。

❷移管後に値下がりした場合、損益通算できるので、節税効果を期待できます。

年内に売却するときのメリット

❶満期の時点で十分に値上がりしていた場合、売却すれば非課税で利益を確定できます。

❷次に購入したい商品がある場合、現在持っている商品を売却することで資金を確保し、それを次の投資に活用できます。

課税口座に移管するときのデメリット

❶非課税期間満了時の価格が新たな取得価額になります。移管前から値下がりしている場合は、取得価格は購入価格より低くなり、将来売却するする際に当初の購入価格よりも低いとしても、売却益が生じたとして課税される可能性があります。

年内に売却するときのデメリット

❶売却後に値上がりした場合、そのぶんの利益を取り逃すことになります。

❷損切りとして売却した場合、損益通算は受けられません。

非課税投資期間終了後にうっかり損をしてしまわないためにも、移管するか売却するかをしっかり検討しましょう。

Lesson 05

まもなく終了してしまう制度だが使いやすい

ジュニアNISAの期限は目前！

制度の終了で使い勝手がよくなる

2024年から新NISAが始まることにより、2023年いっぱいでジュニアNISAは制度が終了になります。これまでは、ジュニアNISAの「口座名義人が18歳を超えるまで払い出しができない」という制限があり、さらに非課税期間が最長5年という制度だったため、幼いうちから始めてしまうと18歳を超えるまで強制的に課税口座に移管されるというデメリットがあり、かなり使いにくい制度でした。

しかし、ジュニアNISAが終了したことにより、2024年以降なら子どもの年齢に関係なくいつでも払い出すことができるようになります。

これにより子どもの年齢を気にせず始めることができます。さらに、その後非課税期間が終了したとしても、その時点で子どもの年齢が18歳に満たない場合は自動的に「継続管理勘定」に移され、18歳になるまで非課税で運用することができるのです。たとえば子どもが現在0歳の場合は、最長で17年間非課税で運用できることになります。

とはいえ、新NISAの非課税枠からすると80万円は少なく感じるかもしれませんが、18歳まで新NISAの非課税投資枠とは別の枠として使えると考えれば、お得だといえるでしょう。なお、ほとんどの金融機関で、すでに2023年9月末でジュニアNISAの新規口座開設の受付は終了しています。

非課税投資枠として使いやすくなった

新規買付は2023年いっぱいまで

新 ジュニアNISA制度の終了で払い出しの制限が解除

制度終了で使いやすくなった

制度終了にともない、2024年以降なら年齢に関係なく払い出しが可能に。子どもの年齢を気にせず始められ、2023年から始めたとしても、18歳までは80万円の非課税投資枠として使えます。

○ 2024年以降ならいつでも払い出せ、非課税投資枠として使える

旧 口座開設者が18歳になるまで払い出しができなかった

使い勝手が悪い制度だった

口座開設者が高校3年生の12月末を迎えるまで（3月31日に18歳である前年の12月31日まで）払い出しができず、さらに非課税期間が最長5年のため、始める時期がかなり限定されて使いにくい制度でした。

× 非課税期間内の払い出しに厳しい制限がある

非課税期間の終了後は

2024年に制度終了
↓
非課税期間が終了
↓
18歳未満 → 自動的に「継続管理勘定」に移管する
18歳以上 → ジュニアNISAの資産は課税口座に移される

2024年以降でジュニアNISAの非課税期間が終了したとき、口座開設者がまだ成人（1月1日時点で18歳）でなければ、自動的に「継続管理勘定」に移され、非課税で運用できます。一方、成人になっている場合はロールオーバーできないため、課税口座に移されてしまいます。

ほとんどの金融機関で、すでに2023年9月末でジュニアNISAの新規口座開設の受付は終了しているので注意しましょう。（山内）

Lesson 06

NISA口座を開設しよう

●NISA口座はさまざまな金融機関の中から選ぶことができる

口座を開設する際のポイントとは

NISAを実際に利用するには、まず金融機関で取引口座を開設し、同時もしくは開設後にNISA口座を開設します。金融機関の店舗や公式サイトで申し込みに必要な書類を入手し、マイナンバーカード、免許証などといった本人確認書類とともに、金融機関へ届け出ましょう（※）。手続きのあと、税務署の審査で問題がなければNISA口座が開設できます。

NISAの口座を作る際に注目すべきポイントの1つ目は、取り扱い商品の数です。各金融機関ごとに取り扱っている商品数が異なるため、目当ての銘柄があるかどうかを確認しましょう。商品を決めていなかったり、わからないという人は、取り扱い商品数の多い金融機関を選択しておきましょう。2つ目は、普段使っている普通預金口座から自動引落しで積み立ててくれるかどうかです。手間を省くためにも、自分のメインバンクが対応しているか確認しておきましょう。3つ目は、最低積立金額です。なるべく少ない金額でスタートしたいという人は、最低積立金額の低い金融機関を選ぶようにしましょう。

最後は積立の頻度です。つみたてNISAの場合、毎月積立が基本となっていますが、金融機関によっては毎週や毎日を選ぶこともできます。それぞれためしてみて、自分に合った頻度を見つけるのもいいかもしれません。

※インターネットで申し込みが完結する金融機関もあります。

金融機関の選び方から売買注文を行うまで

NISA口座で取引開始するまでの流れ

1 金融機関を選ぶ

NISAの口座はさまざまな金融機関で開設できます。金融機関を選ぶ際に注目すべきポイントは、取扱商品の数。場合によっては海外株を取り扱っていないなどの違いがあるので、しっかり確認しましょう。また口座開設時の特典にも注目です。

金融機関を選ぶときに注目すべきポイント

- 取り扱い商品の数
- キャンペーン特典
- 売買手数料
- 最低積立額

2 口座を開設する

口座開設の申請時は、金融機関の指示に従って口座開設書類、本人確認書類（健康保険証や運転免許証）、マイナンバーが確認できる書類（コピーもしくは写真）の3つを送付しましょう。

口座開設時に必要な書類

- 口座開設書類
- 本人確認書類
- マイナンバーカード

3 情報を収集しつつ商品を選ぶ

NISA口座が開設されたら、金融商品を選びましょう。本誌第2章では投資先の選び方や各商品の特徴を紹介しているので、商品を探す際の参考にしてみてください。また、ネットで金融ニュースをチェックするのもオススメです。

4 投資資金を入金する

買付するためのお金を口座に入金しましょう。積み立て購入の場合はクレジットカードで購入可能な金融機関もあります。

5 売買注文を行う

NISA口座を開設し、購入する金融商品を選んだら、売買注文を行いましょう。取引はパソコンでも行えますが、手軽に操作できるスマホがオススメです。

口座開設に必要な書類は、あらかじめ用意しておけば申請がスムーズに行なえるので便利です。

Lesson 07

口座開設にオススメの金融機関

●金融機関によって扱う商品が違う

¥ 金融機関選びは慎重に

NISA口座はひとり1口座のみしか開設することができません。そのため、どこの金融機関で口座を開設するかがかなり重要な選択になってきます。金融機関を選ぶ前にまず大事なのが、自身の投資の目的や投資のときに重要視するポイントです。そのうえで、自分の希望にマッチした金融機関を選ぶようにしましょう。

最初のポイントは、取り扱っている商品の幅広さです。NISAの口座を開設できる金融機関は証券会社や銀行、郵便局など、さまざまありますが、金融機関によって取り扱っている商品や数が異なります。自分が購入したい商品がある場合は、その商品を取り扱う金融機関にすればいいですが、どんな商品を選べばいいかわからないという人は、とりあえず商品ラインナップが豊富な金融機関を選んでおくといいでしょう。

次に重要なのが、販売手数料などのコストです。NISAを運用する際には、さまざまな部分で手数料などのコストがかかります。たとえばNISAの成長枠で株を売買する場合、買付けや売却時に手数料がかかります。金融機関によっては無料のところもあるため、なるべくなら無料の金融機関を選びましょう。

仕事などで引っ越しや転勤の可能性がある人は居住地に左右されないネット証券がおすすめです（※）。

※金融機関の変更は1年単位ですることができます。ただし、すでにその年の分の枠を使った場合は、翌年の分から変更可能です。

NISA口座開設にオススメの金融機関

楽天証券

株式売買手数料	無料
取り扱い商品	国内株:○ 海外株:米国、中国など 投資信託:約2,600本

楽天ポイントが貯まる!!

楽天ポイントで投資信託や国内株式が購入できるので非常に便利。さらに、投資信託の積立の引落しに楽天カードのクレジットカード払いを利用すれば、100円につき最大1ポイントが付与されます。

SBI証券

株式売買手数料	無料
取り扱い商品	国内株:○ 海外株:米国、ロシアなど 投資信託:約2,600本

投資初心者にオススメ!

ネット証券の最大手で、米国株や中国株など、NISAに対応した海外株が多いのが特徴です。また国内株の売買手数料だけでなく、海外ETFの買付手数料が無料なのもオススメポイントです。

ゆうちょ銀行

取り扱い商品	国内株:○ 海外株:米国など 投資信託:119本

対面で相談・手続きが行える

対面で相談や手続きを行うことができます。また、ゆうちょ銀行は全国に展開しているため、居住地を移転してもすぐに対応できるのもうれしいポイント。ただし、商品のラインナップは非常にシンプルです。

WealthNavi

取り扱い商品	国内株:○ 海外株:米国、欧州など 投資信託:1万1,000本

全自動で資産運用してくれる!

世界レベルの資産運用を、ロボアドバイザーが全自動で行ってくれ、初心者でも悩むことなく簡単に投資が始められます。ただし、その分手数料がかかります。

少額の積立投資を希望している人であれば、各金融機関の最低積立金額を調べましょう。また、株の購入は証券会社のみです。将来、成長投資枠で株を買う可能性がある場合は証券会社でNISA口座を作りましょう。

Lesson 08

サイトを使って商品を購入するまでの流れをチェック！

実際に商品を購入してみよう

購入までの流れを確認しよう

ここでは口座開設後（※）NISAのつみたて投資枠で商品を購入する際の流れと積み立て方を、楽天証券を例にして紹介していきます。成長投資枠でも購入までの流れはほぼ変わりません。

まずは、楽天証券のサイトにログインし、商品の一覧から自分が購入したい商品を選びます。どの商品を買っていいかわからないときは、楽天証券オススメの商品の中から選ぶのもよいでしょう。買いたい商品を選んだら、積み立てるタイミングや金額などの設定を行います。複数の商品を選んでいる場合は、配分の設定なども行えます。選択した商品が投資信託の場合、目論見書や約款などをチェックします。表示されたすべての書面にしっかり目を通しましょう。内容に問題がなければ、暗証番号を入力して注文を確定します。後で注文した商品を確認したい場合は、「積み立て設定一覧」から見ることができます。

NISAの口座開設をしたのがネット証券の場合、商品を選ぶ際は自分で細かい部分を設定しなければなりません。しかし、ゆうちょ銀行や銀行といった店舗がある場合、実際に店舗を訪れて対面で相談を行ったり、商品を選べるというメリットがあります。

現行NISAの場合、商品を売却しても非課税枠が復活しないため、最初の商品選びが重要です。しっかりと吟味して選びましょう。

※現行NISA、新NISA共通。

つみたて投資枠で投資を始める流れ

例）楽天証券の場合

1 楽天証券のサイトにログイン

楽天証券のサイトにログインし、メニューにある「NISA・つみたてNISA」タブをクリックします。自分で投資信託を探す、もしくは楽天証券オススメの商品もあります。

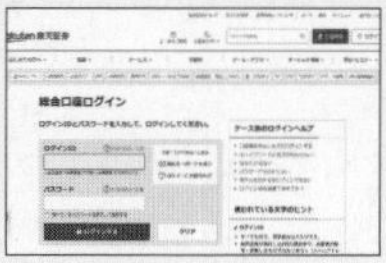

2 商品を選び、積立タイミングや金額などを選ぶ

投資信託の一覧から積み立てたい商品を選び、積み立てタイミング、金額の設定を行います。複数の投資信託の場合、配分の設定なども行えます。

3 投信信託の目論見書や約款を確認

選択した投資信託の目論見書や約款などをチェックします。「未閲覧の書面を確認する」をクリックで、表示されたすべての書面にしっかり目を通しましょう。

4 注文内容を確認して積み立て設定完了

NISA口座を開設し、購入する金融商品を選んだら、売買注文を行いましょう。取引はパソコンでも行えますが、手軽に操作できるスマホがオススメです。

楽天証券

楽天グループに属する楽天証券ホールディングス傘下のインターネット専業証券会社。購入手数料、取引手数料、買付手数料などが無料、もしくは格安にせっていされており、初心者でも低コストで始めることができる。

HP：https://www.rakuten-sec.co.jp/

商品の注文はネットでも簡単にすることができます。わからない場合は、ネット証券でもチャットや電話で相談できます。

Lesson 09

NISA利用時の注意点①

●デメリットや注意点もしっかり理解しよう

初心者が見落としやすいワナ

ここまでは「非課税で投資ができる」や「少額から投資できるため、投資初心者にも最適」といったメリットなどを述べてきましたが、もちろんNISAにも注意しなければならない点や、デメリットが存在します。投資のしかたによっては損をしてしまうこともあるため、ここでは初心者が見逃しやすい注意点について解説していきます。注意すべきポイントをしっかりとチェックしていきましょう。

なお、現在は現行のNISAから新NISAへの過渡期です。したがって、ここでは現行のNISAを中心に解説していき、新NISAにもあてはまる場合は、その都度追記することにします。

まず大きな注意点として、NISA口座の開設は現行、新NISAともに1人ひとつまでです。同時に複数の銀行や証券会社で口座開設を行っても、いずれかひとつしか利用できません。さらに現行NISAの場合、一般NISAか、つみたてNISAかを選ばなければならず、2023年いっぱいで終了するため、途中での区分変更もできません。

次に、NISA口座で購入した商品はいつでも売却することが可能ですが、売却した場合はその分の非課税枠を再利用することができません。したがって、商品を購入する際は慎重に選ぶようにしましょう（※）。

※新NISAの場合、商品を売却した非課税枠を再利用することはできますが、利用可能になるのは翌年以降になります。

見逃しがちな落とし穴をチェック！

まず注意すべきポイントは2つ

落とし穴1 NISA口座の開設は1人ひとつまで！

NISAの口座は、さまざまな金融機関で開設することができます。しかし口座を開設できるのは、1人につきひとつまで。開設する金融機関選びは慎重に行いましょう（新NISAでも共通）。

落とし穴2 金融商品を売却しても非課税枠は再利用できない

NISA口座にある金融商品はいつでも売却することが可能です。しかし、売却した分の非課税枠を同年中に再利用し、別の商品を購入することはできません（新NISAの場合は翌年以降であれば売却した非課税枠を利用可能。ただし、年間上限額を超えることはできません）。

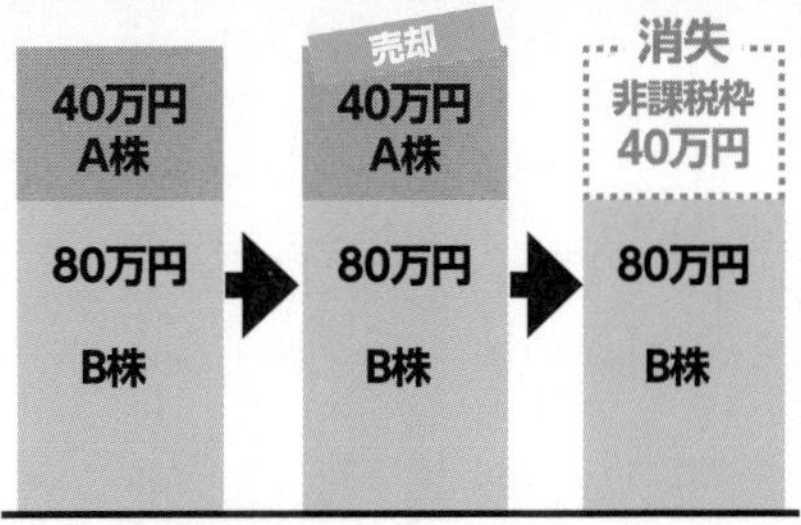

NISA講座の開設は1人につきひとつまでです。銀行や証券会社によって扱う商品が違うので、口座開設は慎重に選びましょう。

Lesson 10

ＮＩＳＡ利用時の注意点②

●運用する際はしっかりとチェックしておこう

注意点をよく読みリスクを最小限に

38ページに引き続き、ここでも引き続きＮＩＳＡ利用時の注意点をチェックしていきます。

まず、ＮＩＳＡ口座は課税口座と損益通算することができません（株式の譲渡損益は他の所得と通算できません）。もし仮にＮＩＳＡ口座で大きな損失を出してしまい、一方で課税口座で大きな利益が出た場合、ＮＩＳＡ口座の損失はなかったものとみなされ、課税口座の利益はそのまま課税対象となってしまいます。

次に現行ＮＩＳＡは２０２３年いっぱいで終了するため、非課税枠（一般ＮＩＳＡ１２０万円、つみたてＮＩＳＡ40万円）を上限まで使い切らなかった場合、その残高は翌年や新ＮＩＳＡに繰り越すことはできません。一方、新ＮＩＳＡの場合は「生涯投資枠」として非課税枠が決まっているため、たとえ年間の非課税枠に満たないからといっても、損になったり無理に使い切ったりする必要はありません。

最後に、現行ＮＩＳＡの非課税期間が終了し、課税口座に移管する際の商品の価格です。株式などは移管当日の価格が取得価格とみなされるため、売却の際に移管当日の価格よりも高ければその差額が課税対象となります。ですから、移管当日の価格が購入時の価格よりも低かったとしても、売却時に利益が出てれば課税されてしまうので注意しましょう。

見逃しがちな落とし穴をチェック!

余計に損をしないように注意しよう

落とし穴 3 NISA口座で損失が出た場合 課税口座の利益と損益通算できない

たとえばA株で4万円の損失を出し、B株で10万円の利益を出した場合、損益通算すれば課税対象となるのは10万円から4万円を引いた6万円となります。しかしNISA口座の場合、課税口座と損益通算することができないため、課税対象となるのは10万円となります。値下がりのリスクが大きい銘柄に投資する場合はどちらの口座を利用するべきかよく考えて選択しましょう(新NISAでも共通)。

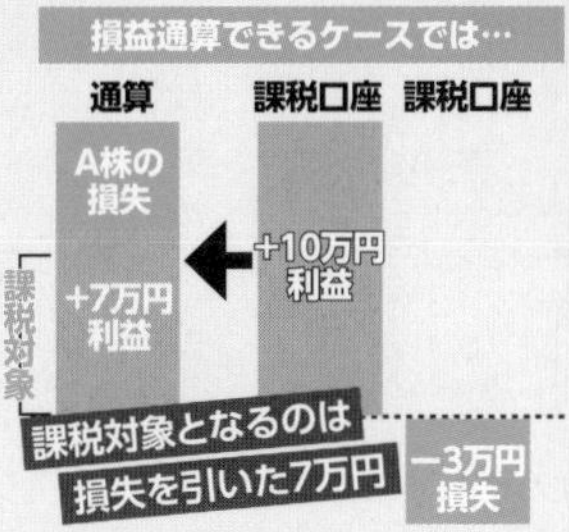

落とし穴 4 口座移管後に税金が発生する場合がある

現行NISAの非課税期間終了後、課税口座に移管する場合は「移管当日の価格」が取得価格となります。そのため、購入時より移管当日の価格が低くても、その後値上がりしたときに売却すると、課税対象となってしまいます。その場合、税金と合わせて大きな損を被ることになるので注意しましょう。

落とし穴 5 現行NISAの非課税枠は繰り越せない

現行の一般NISAの年間の非課税枠の上限は120万円、つみたてNISAの上限は40万円です。非課税枠を上限まで使い切らなかった場合でも、その残高を新NISAに繰り越すことはできません。なお、投資した分に関しては、新NISAと別の非課税枠として5年ないし20年間保持できます。

損益通算については新NISAになっても同じく適用されるので、課税口座と併用している人は特に注意しましょう。NISAはあくまでも投資で得た利益が非課税となる制度です。

Lesson 11

新ＮＩＳＡの概要

使いやすく生まれ変わる非課税制度

¥ 投資家に一層やさしい制度になった

２０２４年１月から開始する「新ＮＩＳＡ」では、既存の「一般ＮＩＳＡ」「つみたてＮＩＳＡ」の名称が廃止され、それぞれ「成長投資枠」「つみたて投資枠」に変更されます。

それに伴い、これまで5年ないし20年の期限があった非課税保有期間は無期限となります。非課税保有期間が無期限になるということは、保有している株式等を、自分の好きなタイミングで売却できることを意味します。

「〇〇ショック」と呼ばれるような相場の悪化は、時間が解決してくれることが多いです。しかし、そのタイミングが非課税保有期間の最終日と重なってしまったらどうでしょう。数カ月〜数年放置しておけば、株価がある程度回復する可能性が高いにも関わらず、保有する株式をすべて売却しなければならないのです。

このように、売却のタイミングを自分で完全にコントロールできるようになったことは、とてもうれしい変更だといえるでしょう。

また、旧ＮＩＳＡでは、一般ＮＩＳＡ・つみたてＮＩＳＡのいずれか一方しか利用できませんでした。しかし新ＮＩＳＡでは、成長投資枠とつみたて投資枠を併用することが可能となります。より多くの資金を運用できるようになり、非課税投資の恩恵をこれまで以上に受けられるようになったわけです。

新NISA制度の特徴とは

▶2024年開始の「新NISA」の概要

	つみたて投資枠　併用可能	成長投資枠
年間投資枠	120万円	240万円
非課税保有限度額	総額1,800万円 うち1,200万円までが成長投資枠	
投資対象商品	長期投資向け投資信託、ETF（一部）など	（上場）株式、投資信託、ETF、REIT
非課税保有期間	無期限化	
口座開設可能期間	恒久化	
非課税投資枠の再利用	可能	
対象	日本在住の18歳以上の人	

つみたて投資枠と成長投資枠を併用できる

●旧NISAでは併用できない…

旧NISAでは投資を始める前に、つみたてNISAか一般NISAのいずれか一方を選ばなければなりませんでした。

●新NISAでは併用可能に！

新NISAではつみたて投資枠と成長投資枠の併用が可能になります。もちろん、どちらか一方だけ利用することもできます。

投資信託の売買はつみたて投資枠で、（上場）株式の売買は成長投資枠で行うのが基本。なお、成長投資枠で投資信託をつみたて購入することもできます。

Lesson 12

新NISAの投資枠

非課税枠を柔軟に利用できるようになった

¥ 新NISAでは投資枠が回復

新NISAの成長投資枠では、1年間に240万円分の非課税投資が可能です。たとえば、ある年の1月に40万円分の株式を購入したとします。3月に株価が総額60万円になったので、すべて売却したとしましょう。

このケースでは、年240万円分の成長投資枠のうち、1月に40万円を利用したことになります。3月に株価が60万円になりましたが、非課税投資枠は購入時の株価で計算する(※)ので、成長投資枠の利用分は40万円で変わりありません。では、その株式をすべて売却した場合、この年の成長投資枠の残りは何円万分になるでしょうか。

答えは200万円分です。株式等の資産を売却した分を新たな投資に利用できるようになるのは翌年以降です。年間の上限額は超えられないからです。

そして、成長投資枠の非課税投資限度額は通算1200万円まで。毎年240万円投資する人であれば、この枠は5年で使い切る計算です。ただし、1200万円の枠を使い切ったとしても、保有している株式等を過去に売却していれば、その分だけ成長投資枠が回復します。

新NISAの成長投資枠では年間投資枠は240万円、そして、非課税で保有できる限度額は1200万円と覚えておきましょう。

※購入時の価格のことを「簿価」といいます。

投資枠を有効に使おう

成長投資枠は年間上限240万円、保有限度額1200万円

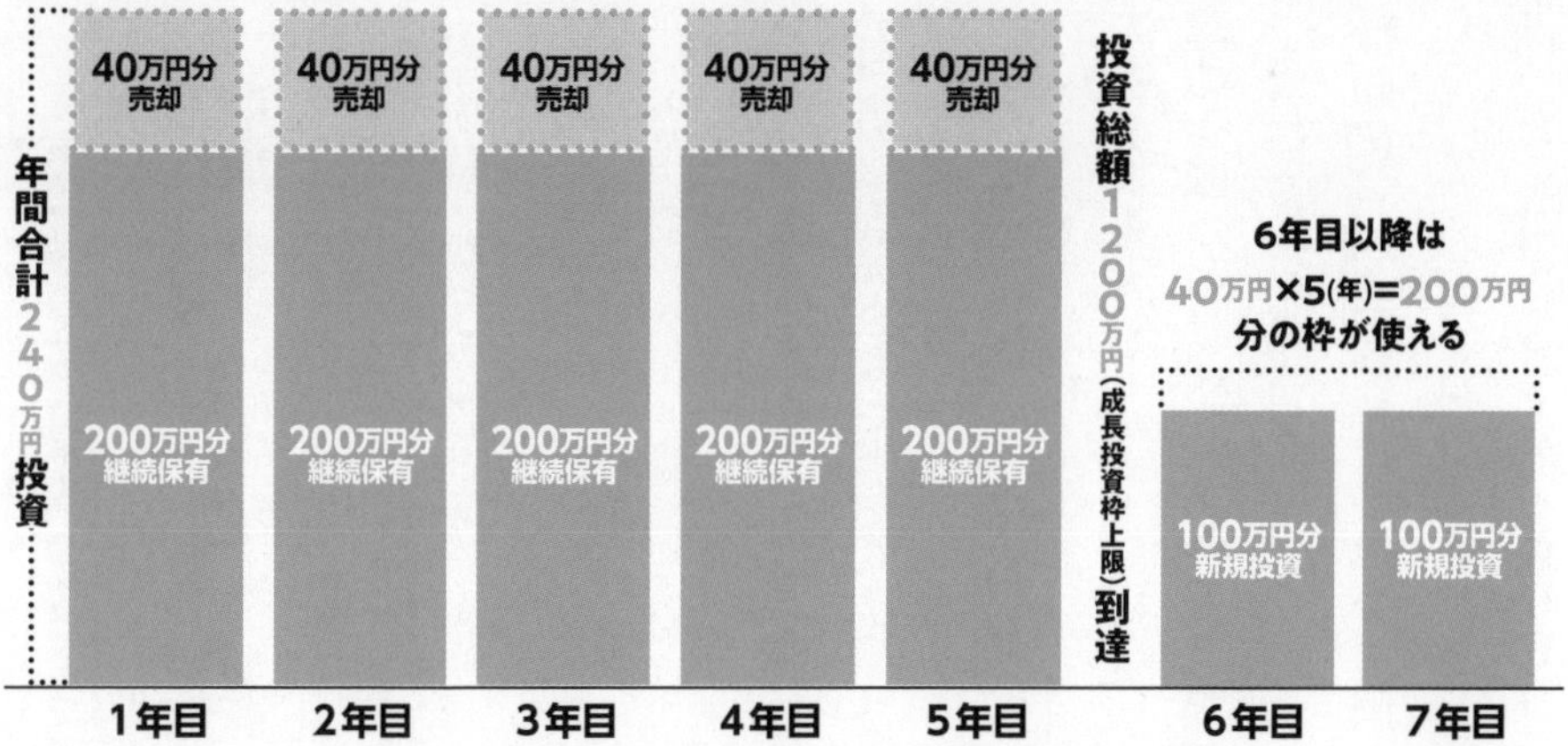

新NISAの成長投資枠の保有限度額は1,200万円までです（年間の上限は240万円）。たとえば毎年240万円の投資を続けると5年で枠がいっぱいになります。たとえ購入した商品を売却しても、同年内ではその枠（上記の例では40万円分の枠）は再利用できません。ただし、投資開始から6年目以降であれば、売却した分の枠を再利用できるようになります（上記の例では200万円の枠を6年目と7年目に100万円ずつ使用。なお、240万円以内であれば、1年で再利用枠を使い切ることも可能です）。

旧NISAとの併用も可能

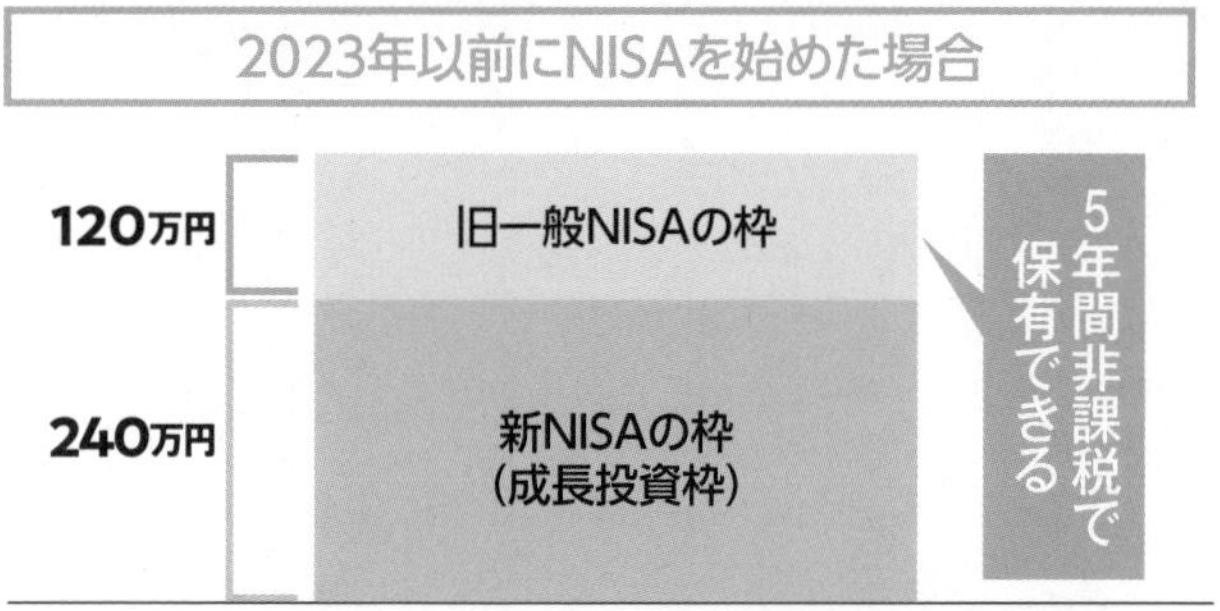

2023年までに一般NISAに120万円投資した場合、新NISAの成長投資枠と別枠で、最長5年間保有できます。2023年までにつみたてNISAを始めていた場合も同様で、つみたて投資枠とは別枠で、最長20年間保有できます。ただしいずれの場合も、2024年以降、新規の購入は不可能です。

旧NISAでは不可能だった投資枠の回復が、条件付きではありますが、できるようになりました。

Lesson

13

株式の売買は成長投資枠で行う

新NISAの成長投資枠

¥ 投資枠の使い分けを徹底する

新NISAにおける成長投資枠は、旧NISAの一般NISAに相当する制度です。（上場）株式、投資信託、ETF、REIT等の売買に利用できますが、基本的には株式の売買に利用するようにしましょう。

すでに述べたように、新NISAでは成長投資枠とつみたて投資枠を併行して利用できます。ただし、投資額の上限があり、2つの枠を合わせて1800万円まで投資が可能です。

この上限とは別に、成長投資枠独自の上限もあり、1200万円に設定されています。言い換えるなら、新NISAの投資上限1800万円のうち、株式投資に使える枠が1200万円分というわけです。株式の売買をしたい人が、この1200万円分の枠を投資信託等で埋めることは得策ではありません。投資信託等への投資もしたいのであれば、つみたて投資枠を併用すればいいのです。

株式の取引に興味がない人の場合は、つみたて投資枠だけを利用すればよく、あえて成長投資枠を使う必要はありません。つみたて投資枠だけでも最大1800万円の投資が可能だからです。

あとになって気が変わり、株式の売買をしたくなったとしても、成長投資枠がまるまる残っているわけですから、成長投資枠を株式投資専用ととらえておくことは、合理的といえるのです。

成長投資枠とは？

▶一般NISAと成長投資枠のルール比較

	成長投資枠(2024年~)	一般NISA(現行)
年間投資枠	240万円	120万円
非課税保有限度額	1,200万円	600万円
投資対象商品	(上場)株式、投資信託(※)、ETF、REIT	(上場)株式、投資信託、ETF、REIT
非課税保有期間	無期限	5年
口座開設可能期間	恒久化	~2023年12月31日
非課税投資枠の再利用	可能	不可
対象	日本在住の18歳以上の人	

成長投資枠の注目ポイント

① 年間投資枠が2倍に

一般NISAでは、120万円までだった年間投資枠が、成長投資枠では2倍の240万円になります。

② 非課税保有限度額も2倍に

一般NISAでは600万円までだった非課税保有限度額が、2倍の1,200万円になります。ただし、つみたて投資枠と合算した際の上限が1,800万円と定められています。

③ 非課税保有期間が無期限に

一般NISAでは5年だった非課税保有期間が無期限になります。

④口座開設可能期間も恒久化に

これまでは期間が限定されていたNISA制度ですが、新NISAになると恒久化され、何年先でも口座開設ができるようになります。

⑤非課税投資枠の再利用が可能に

購入した商品を売却しても、その分、年間投資枠が回復することはありません。しかし、最短で6年目以降であれば、非課税保有限度額に達するまで非課税投資枠の再利用が可能です。

非課税投資枠の拡大と非課税保有期間の無期限化、そして売却後に投資枠が翌年以降に回復する（限度額あり）ことで、旧NISAよりも使いやすくなっています。

Lesson 14

株式を選ぶ基準とは？

成長投資枠での投資先

最低限3つのポイントをチェック

成長投資枠で株式に投資するとして、では株式はどうやって選べばいいのでしょうか。まず押さえておきたいのは、投資に絶対的な正解はないということ。利益を上げる確率を上げるために、できるだけのことをするのが鉄則です。

「できるだけのことをする」と文字にするのは簡単ですが、実践するのは難しいです。上場企業が日々公表する投資家向け情報に目を配るだけでなく、取引先企業や国際情勢にまでアンテナを張るなど、やれることはいくらでもあります。

とはいえ、個人投資家に完璧な情報収集などできませんし、投資初心者ともなればなおさらです。したがってまずは、3つのポイントに絞って投資先を探してみましょう。いずれの情報も「Ｙａｈｏｏ！ファイナンス」などのサイトで簡単に取得できます。

まずは「高配当」かどうか。配当利回り（※）が高ければ、株式を保有しているだけで資産が増えていきます。無論、成長投資枠を利用すれば、配当金も非課税です。

次に企業の安定性。業種だけでもある程度判断できますが、もうひとつのポイントである「営業利益の伸び」と併せて確認するようにしましょう。

以上はあくまで最低限の情報収集です。企業の投資家向け情報等も理解できる範囲で構いませんので、確認するようにしましょう。

※配当金の額をその株式への投資額で割った値。基準は人それぞれですが、3%以上であれば高配当だといっていいでしょう。

成長投資枠で購入する商品の選び方

① 高配当の企業の株式

右表は2023年10月上旬の配当利回り上位銘柄。配当金は安定して利益を得る手段です。もちろん、NISAなら非課税ただし、配当利回りは、配当金額公表後に株価が急落したときも高くなるので、過去の値動きなども確認しておきましょう。

企業名	配当利回り
世紀東急工業	+5.87%
NEW ART HOLDINGS	+5.59%
アールビバン	+5.50%
伯東	+5.46%
JT	+5.45%
レーサム	+5.44%
淺沼組	+5.43%
三ツ星ベルト	+5.42%

(2023年10月上旬)

② 簡単に倒産しないであろう企業の株式

インフラ関連や交通関連、大手小売店などは、景気の影響を受けづらいです。たとえ一時的に株価が下落したとしても、原発事故を起こした東京電力のように、人類史に刻まれるような事故でも起こさない限り、株価は戻ることが多く、長期的な投資に向いているといえます。

③ 営業利益が伸び続けている企業の株式

上場企業の場合、売上高、経常利益などが公開されます。なかでも最も注目すべきは本業での儲けがわかる営業利益。これが伸び続けている企業は投資の候補に挙がってきます。

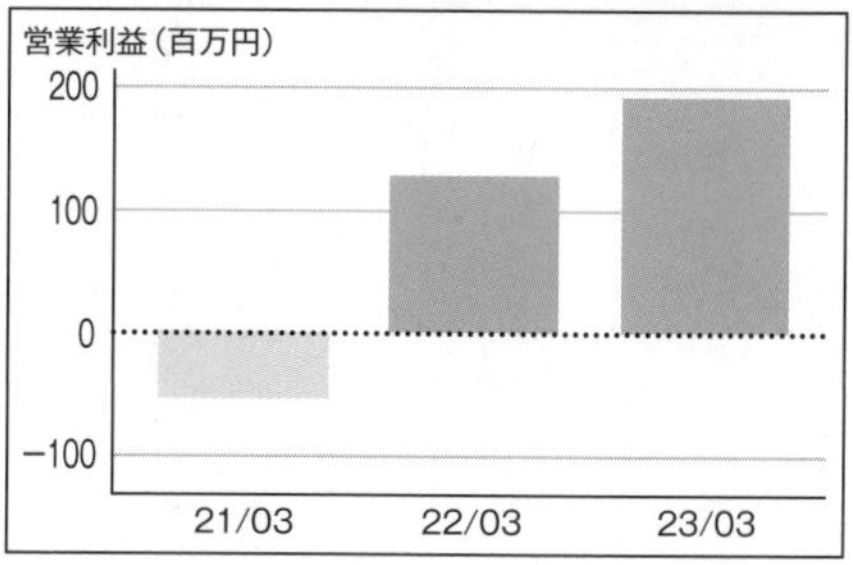

自分が応援したい企業や株主優待が充実している企業など、長期間株主でいたい企業の株式を保有しても楽しいかもしれません。

Lesson 15

●投資信託を選ぶ際はポイントを絞って

つみたて投資枠での投資先

つみたて投資枠は投資信託用に

新NISAにおけるつみたて投資枠は、旧NISAのつみたてNISAに相当する制度です。投資信託、ETF、REIT等の売買に利用できますが、投資信託での投資がおすすめです。投資の鉄則としてしばしばいわれるのが「長期」「分散」「積立」です。これら3つの鉄則をすべて満たす金融商品が投資信託だからです。

投資信託を購入すると、その資金が資産運用のプロに委ねられます。彼らはこうして集めた資金を数百、数千の投資先に分散投資します。つまり、投資信託をひとつ購入することは、それだけで分散投資しているのと同じことになるわけです。分散でリスクが抑えられるので、長期でじっくり投資できますし、100円からと少額で購入できるので、積立にも最適といえるでしょう。

なお、つみたて投資枠では年間120万円、通算1800万円まで非課税で投資できます。

目論見書をチェック

投資信託の情報は、運用会社の公式サイト等で公開されている目論見書で確認できます(※)。専門用語ばかりで読みづらい書類ですが、まずは「信託報酬が安い」「基準価額が右肩上がり」「トラッキングエラーの値が小さい」という3つの基準で選ぶのがいいでしょう。また、ある程度「純資産総額」が十分大きいかどうかのチェックが必要です。

※本誌84ページ参照。

投資信託を選ぶ際のポイント

信託報酬が安い

信託報酬によって、最終的な運用結果は大きく変わります。ただしゼロにはできないので、アクティブ型（比較的ハイリスク・ハイリターンの商品）は1%以下、インデックス型（比較的ローリスク・ローリターンの商品）は0.5%以下を目安に選びましょう。

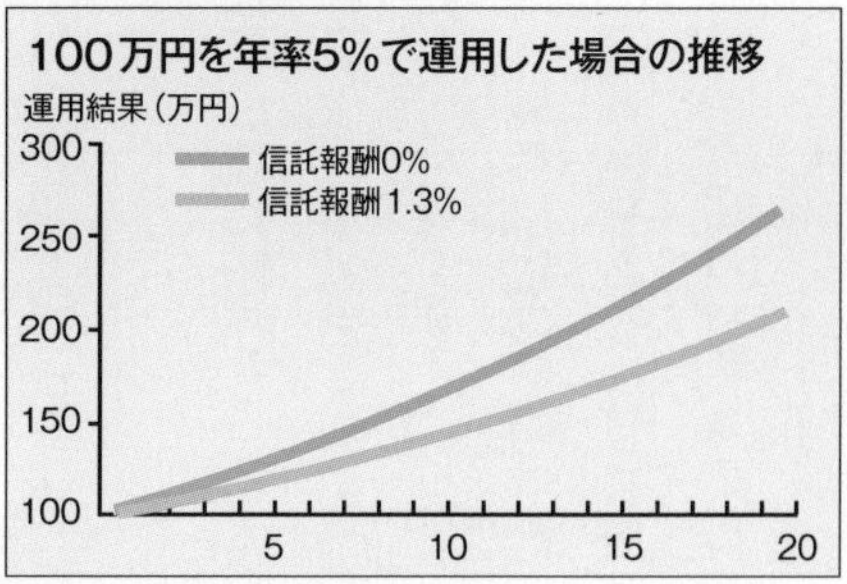

基準価額が右肩上がり

株式と同じく、基準価額のチャートが右肩上がりの傾向にある投資信託は、うまく運用されていると考えられます。

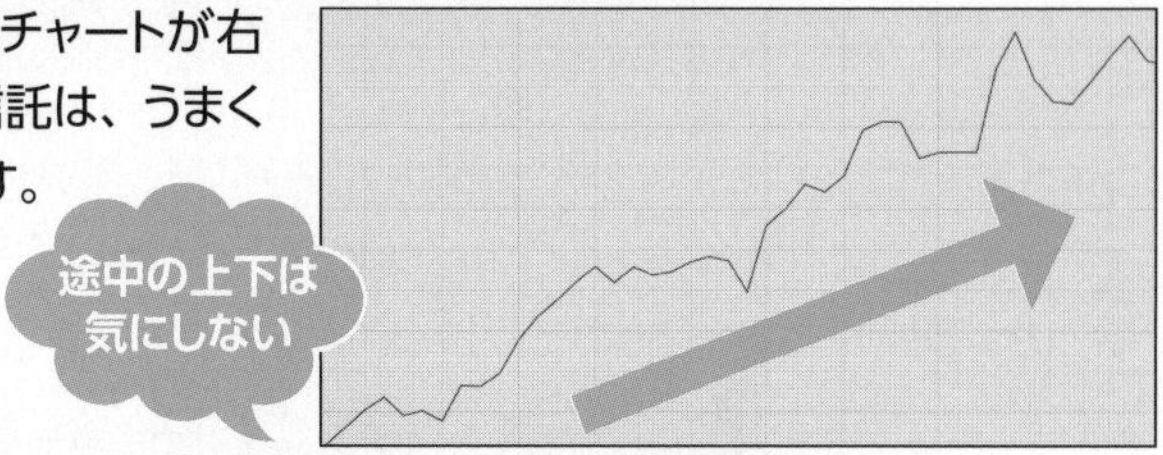

トラッキングエラーの値が小さい

インデックス型の場合、「トラッキングエラー」、つまり基準価額（投資信託の単位あたりの値段のこと）と参考指数（ベンチマーク）の推移の乖離が小さいほど運用がうまくいっている証拠。アクティブ型の場合は乖離を気にしなくても問題ありません。

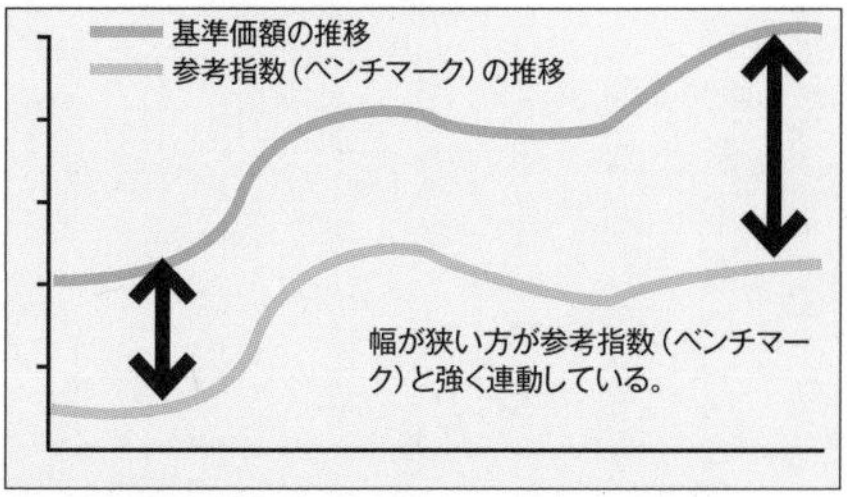

小さな数字に見える信託報酬ですが、長期投資で積み重なると大きな金額になってしまいます。

Lesson 16

●相場と関係ないルールを作っておこう

投資信託の売却のタイミング

ベテラン投資家でも難しい売却

つみたて投資枠で投資信託を運用するうえで、悩ましいのが売り時です。基準価額（※）が上がるにしろ下がるにしろ、株式に比べて動きがゆるやかなので、いつ売っていいのか判断しにくいという人が多いようです。

それは投資初心者に限ったことではなく、最適な売却のタイミングを判断するのは、ベテランの投資家でも難しいものです。

基本的には、数年単位の目線で取引するべきなのですが、出口戦略もあらかじめ用意しておきましょう。おすすめなのは、相場の動きを基準にしない方法です。

また、積み立てた商品を売却するタイミングですが、相場は常に値動きしており、そこで、相場以外のオススメの売却タイミングを紹介します。

具体的には、「大きなライフイベントがあるとき」「基準価額の２倍になったとき」「目標金額に達したとき」などが挙げられます。このように自分で売却に関するルールを決めておけば、相場が悪化したときも慌てずに済みます。

ただし、「大きなライフイベントがあるとき」だったとしても、相場全体が急落しているような局面の場合は、注意が必要です。世界規模の急落の場合、数カ月売却を遅らせることで、基準価額の回復を期待できることが多いからです。

※投資信託の取引価格のことです。「価格」ではなく「価額」である点に注意しましょう。

売却のベストなタイミング

① 出費がかさみがちなライフイベントの際に売却する

保有している投資信託を一度にすべて売却するのではなく、「出産」「子どもの就学」「マイホーム購入」「子どもの結婚」「定年退職」といったライフイベント（その後の人生に影響のある大きなできごと）では出費がかさみがち。そのライフイベントに必要な分だけ商品を売却していくようにしましょう。

② 基準価額が2倍になったときに売却する

「基準価額が２倍になったときに、半分だけ売却する」というのも、わかりやすい売却タイミングのひとつです。半分を売って残り半分を引き続き運用すれば元本割れの心配がなく、利益の拡大を図ることもできます。

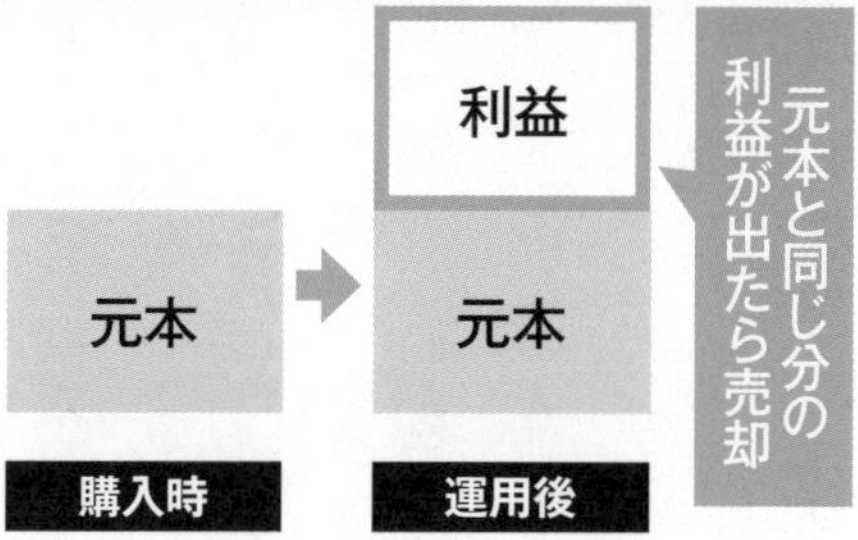

③ 目標金額に到達したときに売却する

つみたて投資枠運用を始める際に、あらかじめ目標金額を決めておくことも大切です。目標金額に到達したら売却するか、または売却せずに、積み立て購入をやめて寝かせておくという選択もできます。なお、売却までの期間が短すぎると複利効果を得にくいので、目標はある程度高く設定しておきましょう。

あらかじめ設定しておいたルールに沿って機械的に売却することで、いざというときに慌てずに済みます。なお、基本は複利効果を得るために長期で保有し、資産形成します。

Lesson 17

単身世帯のモデルプラン

●単身の利点を活かしリスク許容度は高めでもOK

単身世帯は攻めた配分に

ここからは、ライフスタイル別・年代別のモデルプランを紹介していきますが、投資を始めるにあたって、今あるお金を整理してみましょう。日常生活や病気など万が一のためのお金を預貯金で確保してから、残りの余裕資金で投資をします。預貯金に回すお金はリスク許容度や使う予定のあるお金も考えて決めるようにしましょう。

まずは単身世帯のモデルプランからです。単身世帯は、家族構成やライフスタイルを考えると、最もリスク許容度を高めに設定できる世帯です。その一方で、将来的にライフプランそのものや家族構成などが変化する可能性が高い世帯でもあります。ですが、単身世帯のうちは株式の割合を多めにした資産配分で問題ないと思います。

基本的に20代、30代のうちは資産配分の8～9割を株式にあててもいいと思います。もし預貯金で保有資産全体のリスクを調整できるのであれば、株式のみという配分も。その後、年齢を重ねるとともに株式の割合を少しずつ下げていくのが定石のパターンですが、その際、着実に資産が増えているのであれば、そのままの配分で積立投資を続けていくというのもひとつの手です。それまでの実績を加味しながら資産配分をどうするかを考えてみましょう。

また、不動産を加えるのもありですが、分散投資という観点で少し入れる程度にしましょう。

単身世帯のモデルプラン

20代・30代の場合

想定利回り
年5〜8%

組み合わせのポイント

- 若い単身世帯は株式多めでOK
- 預貯金で保有資産全体のリスクを調整できるなら株式のみでも◎
- 日本経済の将来的な期待度に応じて国内株式の割合を調整

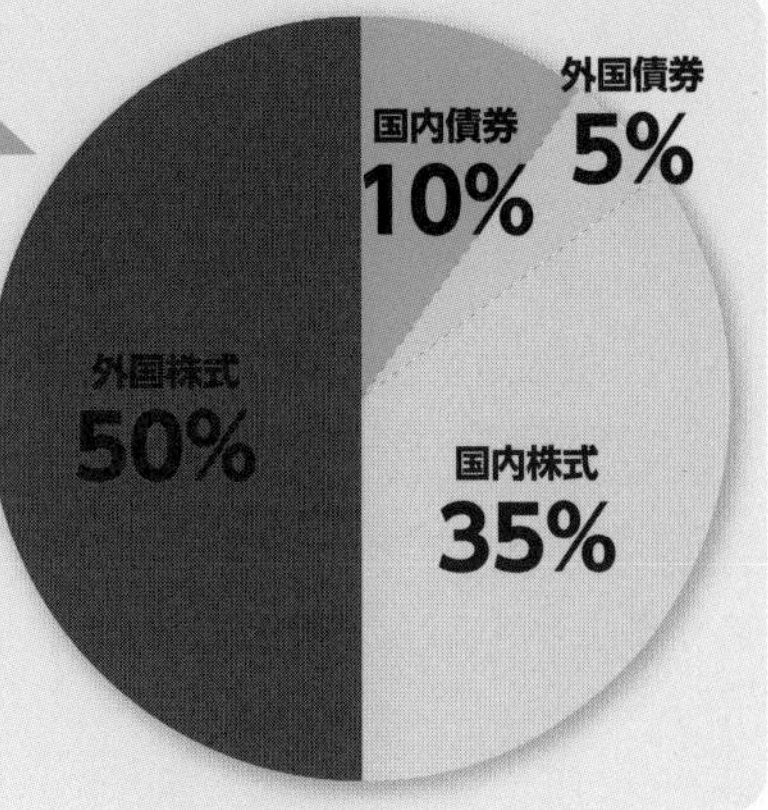

40代・50代の場合

想定利回り
年4〜7%

組み合わせのポイント

- 40〜50代も株式多めでOK
- 預貯金で保有資産全体のリスクを調整できるなら株式のみでも◎
- 日本経済の将来的な期待度に応じて国内株式の割合を調整

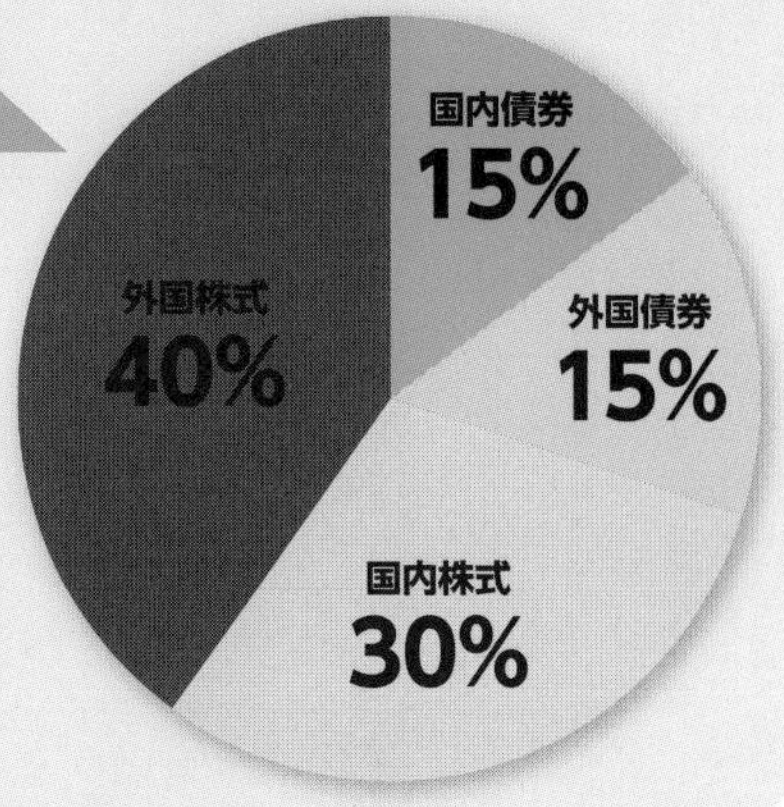

基本的に単身世帯はリスク許容度高めでもOKです。結婚などでライフプランが変わったときがプランの変更時期です。

Lesson 18

子育て世帯のモデルプラン

子どもの教育資金によって配分を考えよう

教育資金によって配分を変えよう

子育て世帯は、そのときの子どもの年齢にもよりますが、子どもの教育にどの程度お金をかける予定でいるのか、そして、その教育資金の準備をどの程度進めているのかによって、リスク許容度が大きく異なります。

逆に、子どものいない共働き世帯などであれば、子どもができるまでは単身世帯と同じような、リスク許容度高めの配分にしても問題ないでしょう。始めから子どもを持つ計画があるのであれば、子育て世帯と同じような配分にしておくというのもひとつの手です。

子どもの教育資金を、預貯金などである程度準備できており、NISA口座の資産から教育費を出す必要がない。あるいは、子どもが成人間近で教育費がいらないという場合は、単身世帯のように株式を多めにした配分でも問題ないでしょう。

一方、教育資金もNISA口座から捻出したいという場合は、債券の割合を増やして、リスク許容度を低めにして手堅く増やしていくようにしましょう。

40代、50代で子どもがの教育費の目処が立った後は、老後のための資産形成を考えると、自分たちがリタイアするまでは株式を多めにしてラストスパートとすることも一案です。なお、60代以上は「老後世帯」を参考にしてください。

子育て世帯のモデルプラン

20代・30代の場合

想定利回り
年3～6%

組み合わせのポイント

- 夫婦の資産はそれぞれで割合を設定しておく
- 預貯金で教育資金を十分に準備できるなら株式多めでも◎

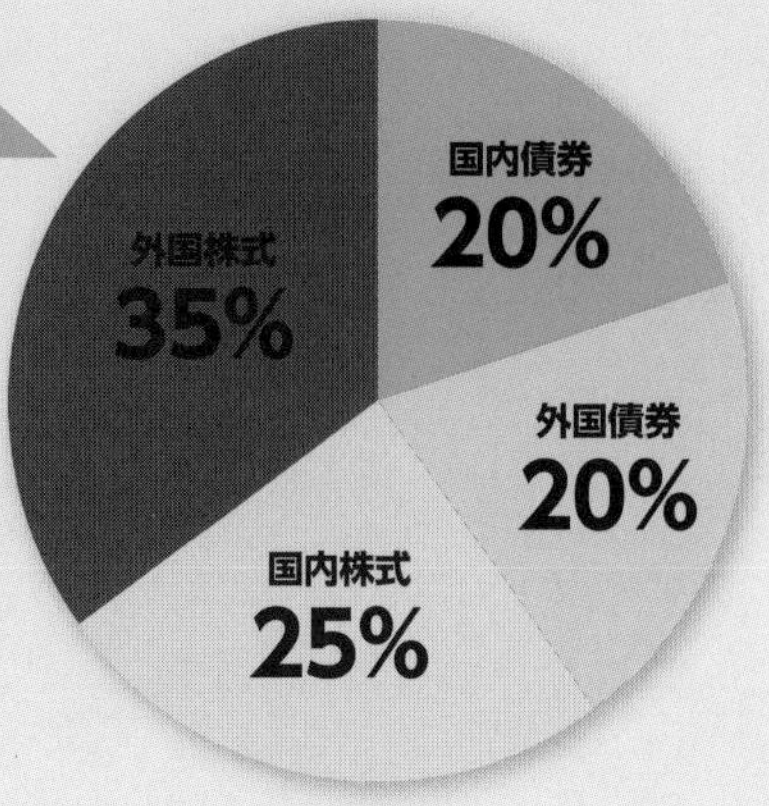

40代・50代の場合

想定利回り
年2～5%

組み合わせのポイント

- 教育資金などまとまった出費の予定がある場合は株式を少なめに
- 預貯金で教育資金を十分に準備できるなら株式多めでも◎

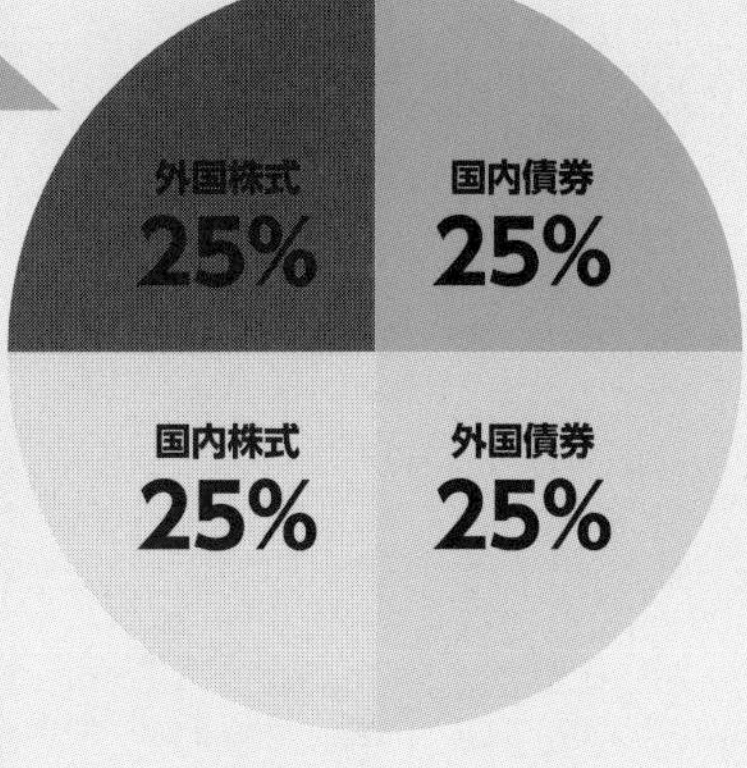

子育て世帯は教育資金によってリスク許容度を決めましょう。十分にある場合は高めに、ない場合は低めにしましょう。

Lesson 19

老後世帯のモデルプラン

●保有している資産や収入によって配分は変わる

¥ 単身世帯は攻めた配分に

60代以上の老後世帯は、単純に年齢だけで考えると、リスク許容度は低めにするのがセオリーです。ただし、この世帯は個人や世帯ごとの経済的な差が大きい世代でもあり、そのときの年金収入や家賃収入といった定期的な収入、退職金の額、保有している金融資産やその他の資産など、さまざまな部分で差が出ます。これらの資産が潤沢にある場合は、リスク許容度を高めに設定して株式多めの攻めた配分にしてもいいでしょう。

一方、定期的に資産を売却して取り崩しながら生活していくという人は、売却のタイミングに注意しましょう。受取額の増減を小さくしたい場合は株式の割合を少なめにしておくことと、海外資産の割合を少なめにしておくことがポイントです。そうすれば「株価変動リスク」や「為替変動リスク」を小さくできるため、売却のときに損をする可能性が少なくなります。

また、これまで投資をしてこなかった老後世帯の人は、「NISAは若い人が将来に向けて資産形成を行う制度」と思っている人も多いようですが、これは間違いです。もちろん、よくわからないまま持っているお金や退職金をつぎ込んで投資をするのはNGですが、銀行などに預けてあるお金を少しずつ積立てて投資していけば、投資の勉強にもなるし、老後資金を増やすこともできるため、預金よりもはるかにオススメできます。

老後世帯のモデルプラン

単身の場合

想定利回り
年1〜4%

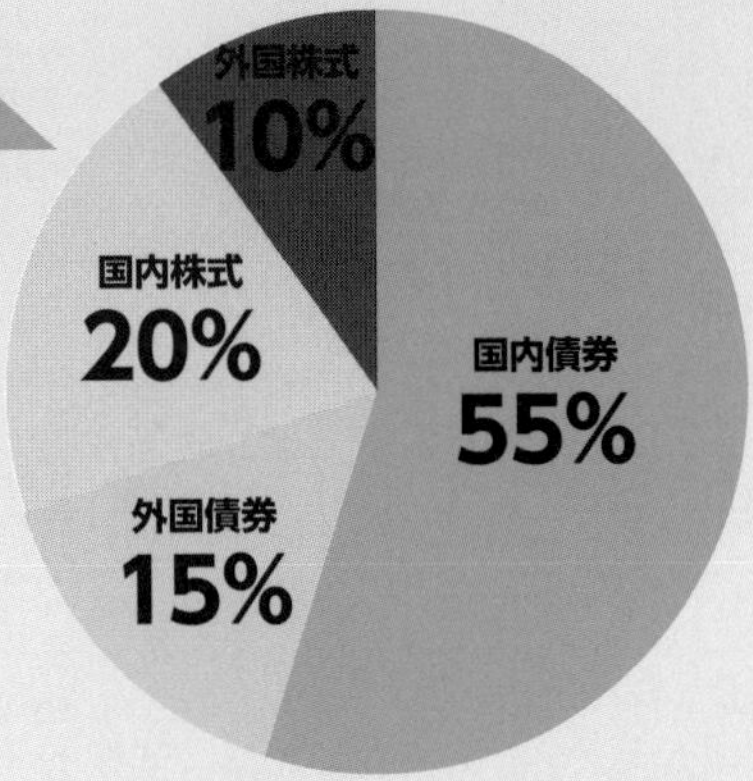

組み合わせのポイント

- 定期的に取り崩していく際の受取額の増減を小さくするなら株式は少なめに
- 取り崩しを重視するなら国内を多めにしてリスクを減らす

夫婦世帯の場合

想定利回り
年2〜5%

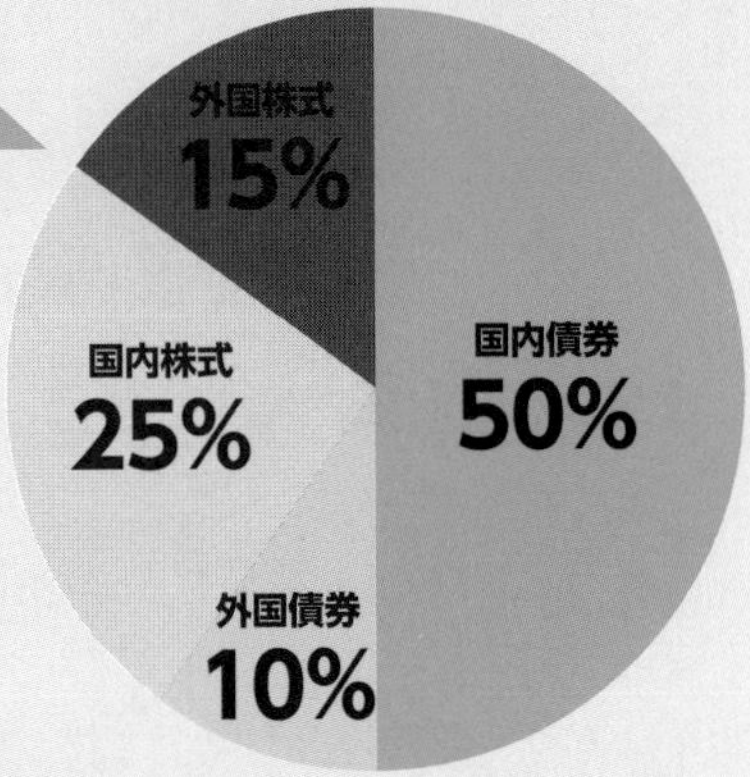

組み合わせのポイント

- 定期的に取り崩しを重視するなら国内多めで株式少なめに
- 定期的な収入が十分にある場合は株式多めでもOK
- 相続を考慮し名義を明確にする

単身世帯か夫婦世帯かで配分割合は変わりますが、重要なのはその世帯の経済的余裕です。預金が多くある場合は株の保有も検討しましょう。ただし、年齢ともに運用期間は限られるため、債券を増やしてリスクを下げましょう。

Column

一度覚えれば一生使える「72の法則」とは？

¥ 複利の計算は面倒だが2倍にする計算なら簡単

資産運用をするうえで、利子にもまた利子がつく「複利」は重要なポイントです。この複利のおかげで投資したお金が増えていきます。しかし、逆にこの複利があるがゆえ、将来的にもらえるお金を計算するのがかなり複雑になってきます。

ただ、「手元の資金を2倍にするために必要な期間（年）」を知りたい場合は「72の法則」を使えば簡単に計算できます。これは「72を運用予定利回り（金利）で割るだけ」というもので、正確ではありませんが、近似値を得られるためよく使われています。この法則を利用して「72を年数で割る」という計算をすれば、「運用資産を倍にするのに必要な運用利回り」を計算することもできます。

【72の法則】

72÷金利≒お金が2倍になる期間（年）

3%で運用：72÷3≒24　約24年必要
5%で運用：72÷5≒14.4　約14年必要
8%で運用：72÷8≒9　約9年必要
10%で運用：72÷10≒7.4　約7年必要

72÷年数≒お金を2倍にするのに必要な金利

10年で倍：72÷10≒7.2　約7%
15年で倍：72÷15≒4.8　約5%
20年で倍：72÷20≒3.6　約3.5%

2章

NISAの対象商品と銘柄の選び方

NISAの対象商品となる投資信託、ETF（上場投資信託）、J-REITの基本や編集部が厳選したオススメ銘柄を紹介します。

Lesson 01

どの金融商品でも購入できるというわけではない！

NISA口座で購入できる商品

NISAによって異なる！

便利な制度であるNISAですが、金融商品であれば何でも購入できるというわけではありません。何が購入できるのか、ここでしっかりと確認しておきましょう。

一般NISAでは株式やETF、投資信託など、証券会社で扱っている金融商品の大半を購入できます。

一方、つみたてNISAは、長期・積立・分散投資に適した投資信託と、数種類のETFだけが購入対象です。もし「株式を長期保有して、株主優待や配当金をもらいたい」と考えている人は、一般NISAを選ぶ必要があります。

新NISAになったら…

2024年から始まる新NISAでは、「成長投資枠（旧一般NISA）」と「つみたて投資枠（旧つみたてNISA）」が新設され、併用可となります。つみたて投資枠の対象商品は、つみたてNISAの商品と同じです。しかし、成長投資枠は

- 整理銘柄に指定されている上場株式等
- 監理銘柄に指定されている上場株式等
- 信託期間20年未満の投資信託等
- 高レバレッジ型の投資信託等
- 毎月分配型の投資信託等

の商品が除外されるので注意しましょう。

おもな対象商品とは？

あらゆる金融商品が購入できるわけではない

つみたてNISAのおもな対象商品

・長期・積立・分散投資に適した一定の（株式）投資信託（※）
・ごく一部のETF（上場株式投資信託）

※つみたてNISAの対象商品には、「インデックス・ファンド（投資信託・投信）」が多い傾向があります。これは運用が比較的保守的な（対象となる指数に連動するように運用される）投資信託を指す用語。

一般NISAのおもな対象商品

・（国内／海外上場）株式
・（株式）投資信託
・国内／海外ETF
・ETN（上場投資証券）
・国内J-REIT ／海外（個別）REIT
・ワラント債（上場新株予約券付社債）など

▶商品ごとの購入方法の違いを知っておこう

	株式	ETF/ETN	個別REIT	投資信託
価格の決め方	取引時間中に（平日9:00～11:30/12:30～15:00）変動し続ける	取引時間中に（平日9:00～11:30/12:30～15:00）変動し続ける	取引時間中に（平日9:00～11:30/12:30～15:00）変動し続ける	1日1回発表（時間は商品ごとに異なる）
注文方法	指値注文（買いたい価格を自分で指定）成行注文（そのときの価格で購入）	指値注文（買いたい価格を自分で指定）成行注文（そのときの価格で購入）	指値注文（買いたい価格を自分で指定）成行注文（そのときの価格で購入）	決められた価格で口数を注文
信用取引	○	○	○	×
取扱会社	証券会社（証券会社によって扱う銘柄が一部異なる）	証券会社（証券会社によって扱う銘柄が一部異なる）	証券会社（証券会社によって扱う銘柄が一部異なる）	証券会社、銀行、郵便局など

つみたて投資に適した投資信託とは、購入時の手数料が0円（ノーロード）で信託報酬が一定以下であり、株式を投資対象に含むものなどの条件を満たしたものです。

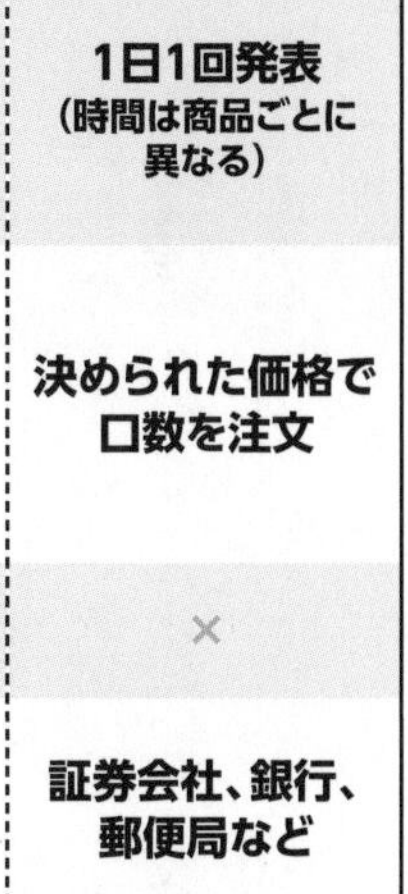

Lesson 02

●投資を始める前に最低限押さえておきたい！

そもそも株式って何？

自由に売買できるのは上場企業の株式

「株式」とは、企業（株式会社）が事業を運営するための資金を集める手段のひとつであり、投資家（資金を出資してくれた人）に対して発行します。

　株式を購入することは、企業に資金を提供することと同じであり、企業を所有する一員になるということです。そのため、投資家は、株式の購入数に応じて、議決権や配当を得ることができます。得られるおもな利益は、

・議決権（株主総会に出席し、企業の運営方針等に関して、保有株数に応じた票数で投票できる権利）
・配当金（保有株数に応じて、企業から株主に分配される利益）
・値上がり益（購入時よりも株価が上昇した場合、解約（売却）することで受け取れる差益）
・株主優待（株主が企業から食事券やサービス券などをもらえる制度）

の4種類です。左の図と併せて確認してみましょう。

　また企業には、「上場企業」と「非上場企業」の2種類があります。投資家が購入できるのは、基本的に上場企業の銘柄です。非上場企業は、証券取引所に参加しておらず、購入できるのは企業の創業者など限られているということを頭に入れておきましょう。

株式の基本をチェック!

① 株式を持っている株主は企業の所有者

株式というのは、単に換金可能な証券というわけではありません。株式投資とは、株式を購入して「企業を所有する一員になる」ということです。これにより得られるおもな利益は、「議決権」「配当金」「値上がり益」「株主優待」の4つです。

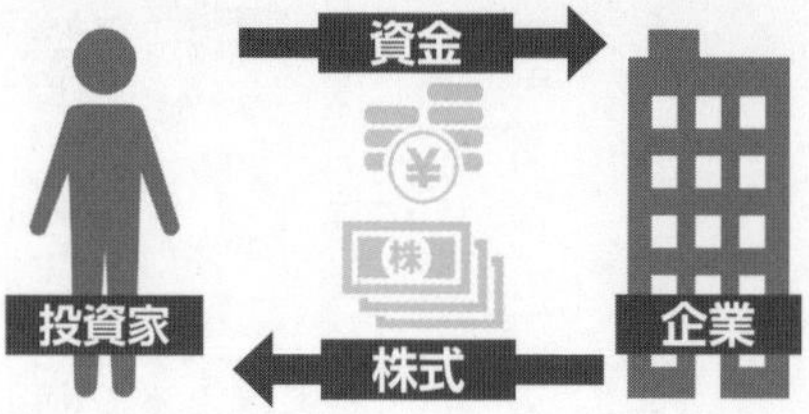

企業が必要としているときに資金を提供し、代わりに株式を受け取るのが投資家。複数の投資家が企業を分有しています。

② 上場企業と非上場企業の違いについて

株式会社には「上場企業」と「非上場企業」があります。上場企業の株式は証券取引所を通じて誰もが売買できるものであり、一般に「株価」が話題に上るような企業はすべて、上場企業と考えていいでしょう。

一方、株式を売買しにくいのが非上場企業です。どちらを選ぶかは企業しだいであり、それぞれにメリットとデメリットがあります。

上場企業

- ●証券取引所を通じて株式が売買できる
- ●株主の所有者はおもに企業の設立に関与していない投資家
- ●社外の株主の意見に経営方針が左右されることがある
- ●株式を公開しているので必要なときに資金を集めやすい
- ●株式を公開しているので買収されるリスクがやや高め

非上場企業

- ●証券取引所を通じて株式が売買できない(未公開株)
- ●株主の所有者はおもに企業の創業者や関連会社
- ●社外の株主の意見に経営方針が左右されることはほぼない
- ●株式を公開していないので必要なときに資金を集めにくい
- ●株式を公開していないので買収されるリスクがかなり低い

ワンポイントアドバイス

主な国内株式の取引所には、東京証券取引所(東証)、名古屋証券取引所(名証)、札幌証券取引所(札証)、福岡証券取引所(福証)があります。

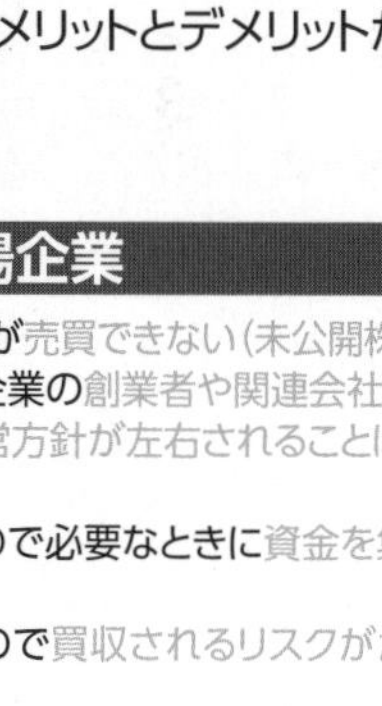

Lesson 03

株式の売買と資金の流れ

株式市場での流れをチェック!

¥ 図を見ながら流れをチェック!

株式の基本を理解したら、次は株式の売買と資金の流れを学んでいきましょう。

❶上場したい企業は、証券取引所の審査を受けてプライム市場やスタンダード市場などの市場に上場します。

❷上場した企業は、証券取引所において株式を発行し、証券会社を通じて投資家から資金を得ます。それ以降は、増資（※）したとき以外は基本的に、企業に資金が渡ることはありません。

❸いったん流通するようになった株式は、基本的には証券取引所に参加する証券会社を通じて売買されます。また、売買の資金は証券会社の手数料と税金を除き、投資家間でやり取りされます。上場時や増資時以外は、企業側に資金が流れることはありません。

❹株式を「購入」したい投資家は、自分で証券会社に金額と数量を指定して買い注文します（指し値）。ただし、指定した金額以下で売却したい投資家がいないと売買は成立しません。また、いくらでもいいから買いたいという注文（成行）もあります。

❺株式を「売却」したい投資家は、自分で金額と数量を指定して買い注文します（指し値）。ただし、購入したい投資家がいないと売買は成立しません。また、いくらでもいいから売りたいという注文（成行）もあります。

※ 追加で株式を発行すること。

株式市場での株式と資金の流れ

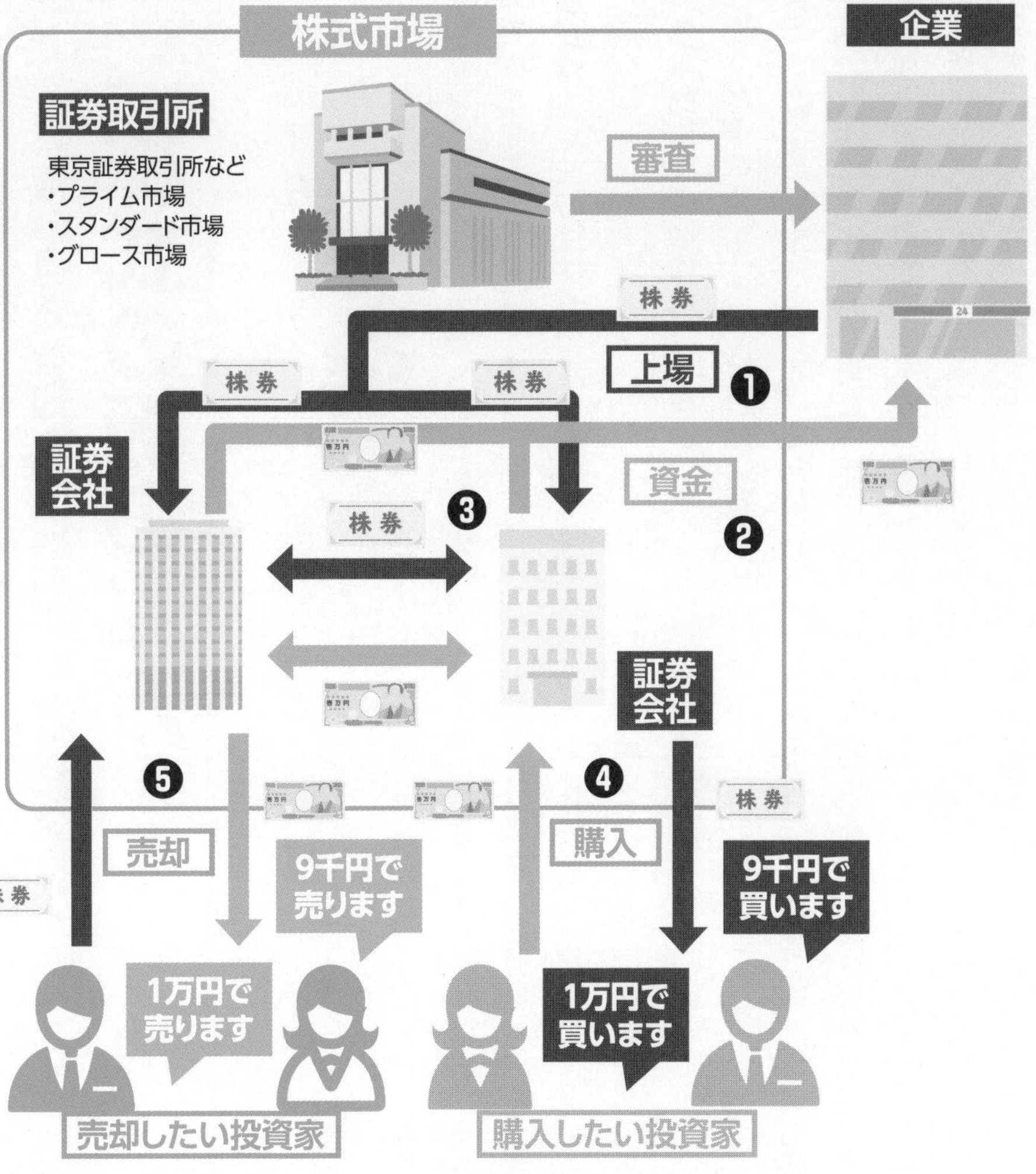

証券取引所に参加できるのは、証券会社のみです。投資家は証券会社に売り注文や買い注文を出して株の取引をします。なお、紙の株券は廃止され、電子的に管理されています。

Lesson 04

板の見方を知れば取引がもっと簡単に！

株式の板の見方

板を見ながら買い注文を出そう

「板」とは、ある銘柄に対して寄せられた売買の注文状況をリアルタイムで示したものです。NISAで株式やETFを購入する際は、この「板」を見ながら売買の注文を出すことになります。

板は、基本的に上の図のように表示され、左側に売り注文が集まる「売数量」、右側に買い注文が集まる「買数量」が示されます。真ん中にあるの数字は「気配値」と呼ばれ、現在の株価を境に売却希望額と買付希望額が表示されます。この気配値を確認しつつ、自分が妥当だと思う価格で買い注文を出しましょう。

特殊な文字が表示されることも…

板には、特殊な文字が表示されることもあります。その種類はさまざまですが、よく見られる「特」「前」「S」の3つを確認しましょう。

・特…「特別気配」を表しており、買いもしくは売りの注文の一方だけが殺到すると起こりやすくなります。

・前…「寄り前気配」を表しており、前場の開く9時の1時間前の8時から、後場の開く12時30分より30分ほど前の12時5分から表示されています。

・S…「ストップ高」または「ストップ安」が起こったときに表示されます。売買を希望する株式が一定数に達するまでは取引ができなくなります。

※ 寄り付き前とは、売買が可能な日の8：00〜8：59および12：05〜12：29、寄り付き後とは、9:00〜11:30および12:30〜15:00のこと（東京証券取引所の場合）。

寄り付き後（取引開始後）の板

売数量		買数量
	成行	
270,000	OVER	
3,000	551	
5,000	550	
2,000	549	
8,000	548	
2,000	547	
1,000	546	
	545	2,000
	543	3,000
	538	2,000
	543	5,000
	542	4,000
	UNDER	220,000

550円で5,000株分売りたい人がいる

545円で2,000株買いたい人がいる

寄り付き前（取引開始前）の板

	売数量 ❸	❹	買数量 ❺
❶	15,000	成行	10,000
❷	250,000	OVER	
	3,000	551	
	5,000	550	
	2,000	549	
	8,000	548	
	2,000	547	
	20,000	546	
		545	20,000
		543	3,000
		538	2,000
		543	5,000
❻		542	4,000
		UNDER	240,000

❶成行…成行売買（自分で価格を指定しない売買）したい株の数。左が成行売、右が成行買。寄付の瞬間に成行売買を含めた価格が決定し、注文を出した順により有利な価格で売買が成立します。
❷OVER…板に表示されている範囲よりも上の価格（気配値）で売却を希望している株の数が表示されます。これが極端に多いと、株価が上がりそうで上がらない状況にあるといえますが、時間とともに増減するのであくまで参考程度に確認しておきましょう。
❸売数量…それぞれの価格（気配値）ごとに売り注文が出されている株の数。より下にある価格から順に取引が成立していきます。注文が出されていない価格帯は表示されません。
❹気配値…現在の株価（通常はここだけ異なる色で表示される）を境に、上下に売却希望額と買付希望額が表示されます。注文が出されていない価格帯は表示されません。
❺買数量…それぞれの価格（気配値）ごとに買い注文が出されている株の数。売数量が多ければ株価が下落する傾向にあり、買数量が多ければ株価が上昇する傾向にあります。
❻UNDER…板に表示されている範囲よりも下の価格（気配値）で買いを希望している株の数が表示されます。これが極端に多いと、株価が下がりそうで下がらない状況にあるといえるが、時間とともに増減するのであくまで参考程度に確認しておくべき値だといえる。

上手に株の売買を行うためにも、板の状態をしっかりと判断できるようにしておくといいでしょう。

ワンポイントアドバイス

Lesson 05

細かい値動きを把握するのに必須

チャートについて理解しよう

よく見られるのはローソク足

細かい値動きを把握するためには、68ページで紹介した板だけでなく、チャートの見方も覚えなくてなりません。チャートとは、金融商品の価格や出来高の推移をグラフ化して見やすくしたものです。チャートには、いくつか種類がありますが、金融サイト等で用いられるのは「ローソク足」「ラインチャート」の2つです。

ローソク足は、特定の単位（分・日・週・月・年）の始値、終値、最安値、最高値が把握することができます。ひと目で複数の情報を確認できるので、株取引等で広く用いられています。

このローソク足は、始値より終値が高い日を陽線、低い日を陰線の胴体で表しています（見た目の色は作成者によって異なります）。ザラ場（取引時間中）の最高値・最安値はそれぞれ上ヒゲ、下ヒゲで表現。最高値・最安値が始値・終値と同じ場合はヒゲがない陽線・陰線になります。

またラインチャートは、特定の単位ごとに終値のみをつなげたシンプルなチャートです。マーケットの動向を1日単位で把握するのに適していますが、単位時間内の細かな値動きが把握できないのが難点です。

投資をする際は、このチャートを確認し、投資先の値動きをきちんと把握するように努めてください。

チャートの種類とは？

チャートは種類によって情報量が異なる

① ローソク足

ローソク足は、特定の単位時間（単位は分、日、週、月、年）の始値、終値、安値、高値が把握できます。ひと目で複数の情報を確認できるので、株取引等で広く用いられています。初心者はこれを必ず押さえておきましょう。

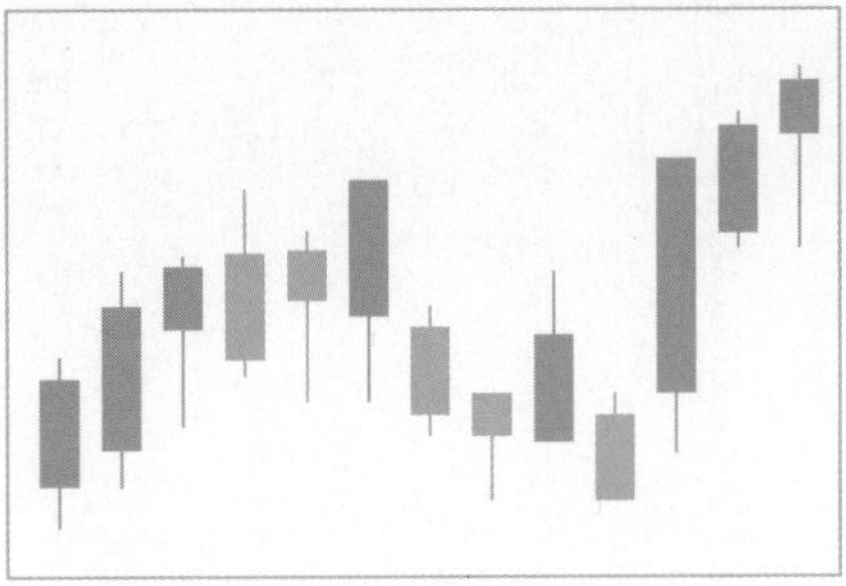

② ラインチャート

ラインチャートは、特定の単位時間（分、日、週、月、年）ごとに終値をつなげたチャート。シンプルに動向を調べたいときに活用します。

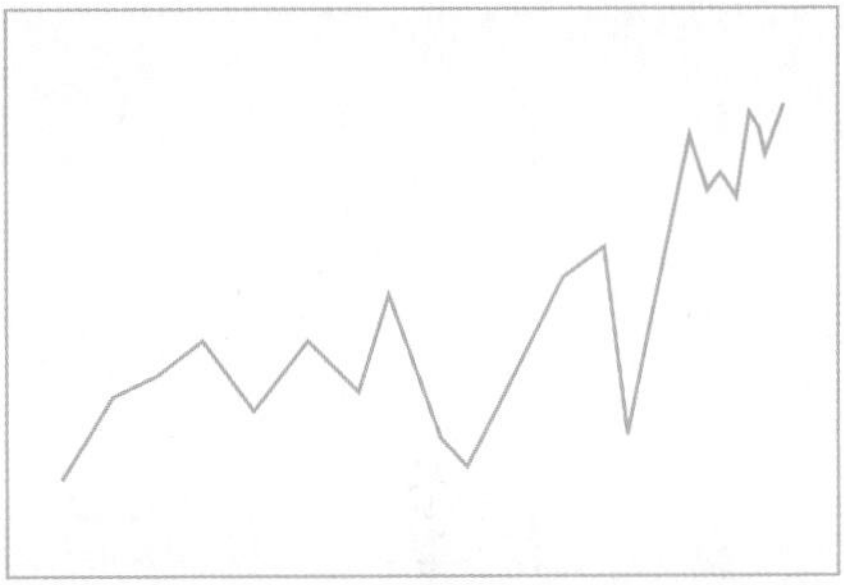

ローソク足は4つの値段で成り立つ

ローソク足は、始値、終値、高値、安値の4つの値段で成り立っており、ここから過去の値動きやトレンドを把握できます。

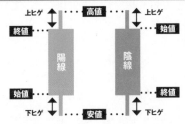

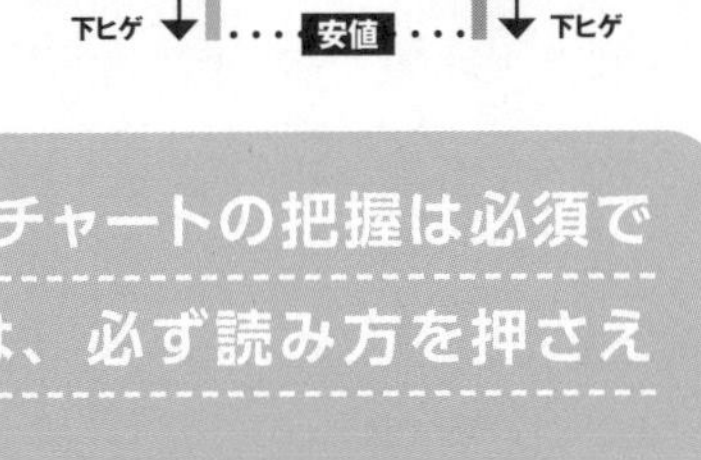

始値:最初に取引された価格
終値:最後に取引された価格
高値:最も高く取引された価格
安値:最も安く取引された価格

株取引を行うならチャートの把握は必須です。投資初心者は、必ず読み方を押さえておきましょう。

Lesson 06

2つの注文方法を使い分けよう

株式の注文方法をチェック

指値注文と成行注文とは？

株式を売買する際には、指値注文か成行注文のいずれかの注文方法を選択する必要があります。

指値注文は、自分が買いたい・または売りたい価格を指定して出す注文です。たとえば、「2000円で100株売りたい」「1000円で500株買いたい」といったように、売却価格に希望がある場合に有効で、取引が成立すれば希望どおりの利益を確保できます。しかし、売買が成立するまでに時間がかかったり、最悪の場合、注文の有効期限までに取引が成立せず、キャンセルされることもあります。

一方、成行注文は、買いたい・または売りたい価格を指定せずに出す注文です。成行注文で商品を売った場合、そのときの株価ですぐに取引が成立します。たとえ価格が低くても、とにかく早く売りさばきたい、という場合に有効です。ただし、自分が注文を出す直前に大量の注文が入ると、想定したよりもかなり安く売ることになったり、逆に高く買うことになる場合もあるので注意しましょう。

このように、2つの注文方法にはメリットとデメリットがあります。株式の売買に慣れていないうちは、基本的に「利益を確定したいときは指値注文」「なるべく早く損切りしたいときは成行注文」というふうに使い分けるとよいでしょう。

注文方法は2つある

指値注文（売買価格を指定する注文方法）

メリット

指値注文の場合、無事に売れれば予定したとおりの利益を確保できます。売り・買いともに、指値注文は注文方法の基本といえます。

デメリット

指値注文だと、商品の株価がなかなか指定した価格にならず、売れるまでに時間がかかってしまうことがあります。注文する際に「注文の有効期限」を指定する必要がありますが、場合によってはその期限までに商品が売れず、取引がキャンセルされてしまうこともあります。

成行注文（売買価格を指定しない注文方法）

メリット

成行注文の場合、基本的に注文を出してすぐに取引きが成立するので、早く売買したい場合に有効。瞬時に損失確定（損切り）したいときにも重宝します。

デメリット

成行注文を出した場合、商品がいくらで売れるかがわかりません。自分が成行注文を出す直前に、他の成行注文が大量に入った場合は、自分の売却価格が非常に安いものになってしまう場合があるので、注意が必要です。

MEMO 投資初心者はどちらの注文方法を選択すべき？

初心者は相場の動きに焦ってしまい、成行注文では想定していたものと異なる価格で購入してしまいがちです。そのため慣れないうちは、指値注文の方がいいでしょう。

思わぬ損をしてしまう危険性があるので、注文方法をきちんと理解し、投資状況に合わせて使い分けましょう。

Lesson 07

株式はいつ売ればいいのか？

株を売るのに最適なタイミング

売却のタイミングはいくつもある

株式を運用するうえで、売りどきを見極めることが重要です。これを誤ると、大きな損を被る可能性があります。それでは、いつ売ればいいのか。ここでは、売買のタイミングを見極めるポイントを紹介します。

一番シンプルでわかりやすいのは、「1000円まで上がったら売る」「投資を始めて3年経過したら売る」と、最初に「ゴール」を決めるというものです。これなら、上下する相場に惑わされることもないでしょう。

しかし、初心者から脱却したいのであれば、情報を収集してタイミングを測らなくてはなりません。たとえば、商品を保有している企業の決算発表などを分析し、「これから減収減益に転じそう」といった見通しが立った場合は、そこが売るタイミングとなります。また、国内外の景気や経済の動向も、売りどきを見極めるための判断材料になるでしょう。

また、「夏は冷たい飲食物がよく売れる」といった具合いに、時期や流行に応じて需要が変動する物は、株式商品もそれに合わせて売買量が変動します。そういった、時期による値動きのクセも売りどきの判断材料にしましょう。

このように、売買のタイミングはいくつもあります。これを見極めることが、投資上級者の第一歩へとつながるのです。

売買を見極めるポイント

初心者は自分で決めたルールに従おう

① 目標とする利益

株式投資を始める際に、「これくらいの利益を出したい」という目標があった場合、その目標利益に到達したときがひとつの売りどきです。「投資元本に対して○%の利益を出したい」というふうに、収益率の形で決めている場合も同様です。

② 投資期間

株式投資を始める際、一定の投資期間を決めておき、その期間が経過したらいったん売却して取引を終了させるという手もあります。一度リセットし、次の投資計画を練るとよいでしょう。

③ 買い材料(買った理由)

初めに株式商品を買ったとき、「新しく発売された製品の売れ行きが好調」などといった買い材料(買った理由)があったはず。しかしその後、「新製品の売れ行きが悪化した」といったように、買い材料が覆されたときは売りどきといえます。

④ 企業の動向

商品を保有している企業の決算発表などを分析し、「これから減収減益に転じそう」といった見通しが立った場合は、売りどきといえます。また、国内外の景気や経済の動向も、売りどきを見極めるための判断材料になります。

⑤ 株価のチャート

株価のチャートから売りどきを判断するのも有効です。「株価が異常に急騰していて、バブルに見える」「価格の下落が続いており、上昇する気配がない」などといった場合は、売りどきといえます。

⑥ 需要と供給の傾向

商品の売買代金や売買高は、その商品の人気度を測る材料になります。移動平均(ある一定期間の平均値を計算し、折れ線グラフで表したもの)にして需要と供給の傾向を確認して、売りどきの判断材料にしましょう。

どうしても売るタイミングがわからない場合は、目標とする利益や投資期間など、ゴールを設定しておくといいでしょう。また、配当金が出る安定した企業の株を長期に保有することも有効的です。

Lesson 08

投資信託の基本をチェックする

● 投資信託のしくみを知ろう

知識がなくても投資が始められる

「投資信託」とは、複数の投資家が資金を出し合って、それを投資のプロが、投資家の代わりに運用するというしくみの商品です。

どの金融商品にもリスクがありますが、投資信託はそのなかでも安定した商品といえます。というのも、投資信託は基本的に株式や債券、不動産などのさまざまな資金を対象としており、複数の国や企業に分散投資するからです。したがって投資信託を購入した時点で、投資家は分散投資を行っていることになるわけです。ただし、投資信託にも価格変動リスクはあります。投資目的やリスク許容度に合うものを選びましょう。

投資信託で利益を得る方法は、「譲渡益」「分配金」「複利効果」の3種類があります。

譲渡益は、購入時より基準価額（投資信託の価格）が上昇した際に、商品を売却（解約）した差額のことです。当然、購入時よりも価格が下がっていれば、損を被ることになります。

分配金は、運用によって得られた収益を決算ごとに投資家（投資信託の購入者）に分配されるものです。投資信託の商品によっては、分配金なしのタイプもあります。

投資信託の利益を膨らませるには、複利効果を狙いましょう。受け取った分配金を再投資に回して保有口数を増やすことで、大きな利益を狙うことができます。

投資信託のしくみを知ろう

投資のプロにお金を預けて運用してもらう投資

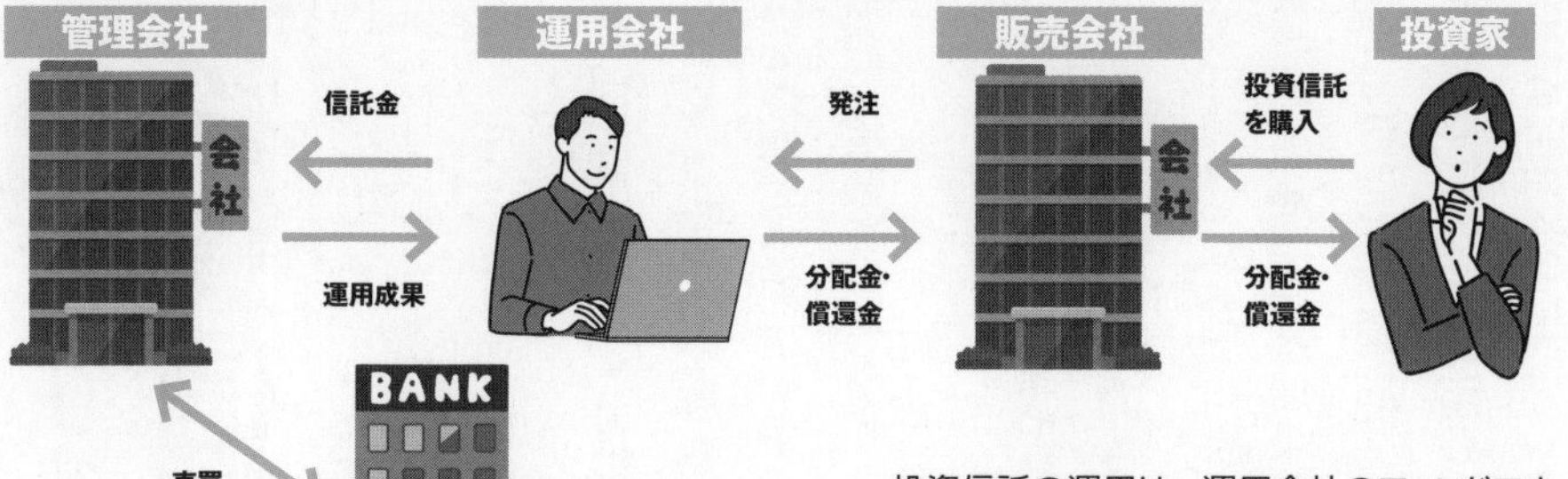

投資信託の運用は、運用会社のファンドマネージャーが管理会社に指示します。

▶株式と投資信託の違い

	株式	投資信託
購入窓口	証券会社	証券会社、銀行など
購入資金	数万円程度～	少額から自由に選べる
銘柄数	約4,000（国内）	約6,000
売買のタイミング	自由	（保有銘柄の入れ替えは）ファンドマネージャーに一任
値動き	大きい	小さい
収益	配当金、株主優待	分配金
手数料	安い	安いものから高いものもある
投資期間	短期～中期	中期～長期

▶投資信託で利益を得る方法はおもに3種類

購入時より価格が上昇した際に売却し、差額を利益として得るのが譲渡益。分配金があるタイプなら、分配金、またはそれを再投資に回した複利効果で利益を得られます。

- 譲渡益で利益を出す
- 分配金で利益を出す
- 複利効果を狙う

分配金を再投資して複利の効果を得ることが効果的な増やし方です。早く始めて、長く続ける＝「時間を味方につける」ことが大切です。

Lesson 09

●リスクとリターンの大きさが異なる

投資信託の商品の種類とコスト

指数に連動するか、上回るか…

投資信託の商品には、大きく分けて「インデックス型」と「アクティブ型」の2種類があります。それぞれの特徴を理解する前に、まずは運用にかかわる「株価指数（指数）」について押さえておきましょう。

株価指数とは、特定の取引所や銘柄群の動き（価格）を表すものです。代表的なのは、「日経平均株価」「ＴＯＰＩＸ」「ダウ平均株価」などがあります。投資信託の運用会社は、この指数を「ベンチマーク（その投資信託が運用する際に目標とする基準となるもの）」として運用します。

インデックス型は、指数に連動した運用を行う商品です。投資は特定の指数に組み入れられた銘柄へ幅広く行われ、市場平均を上回るようなリターンはないものの低コストで運用できます。

対してアクティブ型は、相場の平均値を上回る成果を目指して運用される商品です。銘柄や市場の分析を行うため、コストが高いものの大きなリターンを狙うことができます。ただし、価格が落ち込んだときのリスクも大きく、ファンドマネージャーの手腕に大きく左右される商品です。

また、投資信託にかかる3つのコストも把握しておきましょう。投資信託は購入時だけでなく、保有時や売却時にも手数料がかかります。これを理解していないと、思わぬ損を被る危険性があります。

投資信託の商品はおもに2種類

インデックス型とアクティブ型の違いを理解しよう

① インデックス型投資信託

インデックス型投資信託は、対象となる指数（ベンチマーク）に連動するように資産が運用される投資信託です。手数料が安い商品が多く、安定したリターンが見込めるので、長期運用に最適。

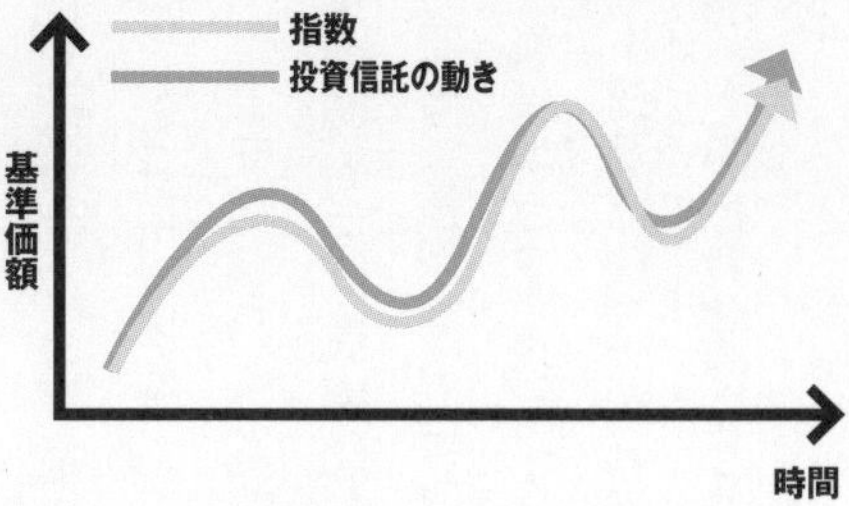

② アクティブ型投資信託

アクティブ型投資信託は、株式の指数を上回る結果を目指して資産が積極的に運用される投資信託。中期運用でも大きなリターンが狙えるものの、落ち込んだときのリスクも大きいです。

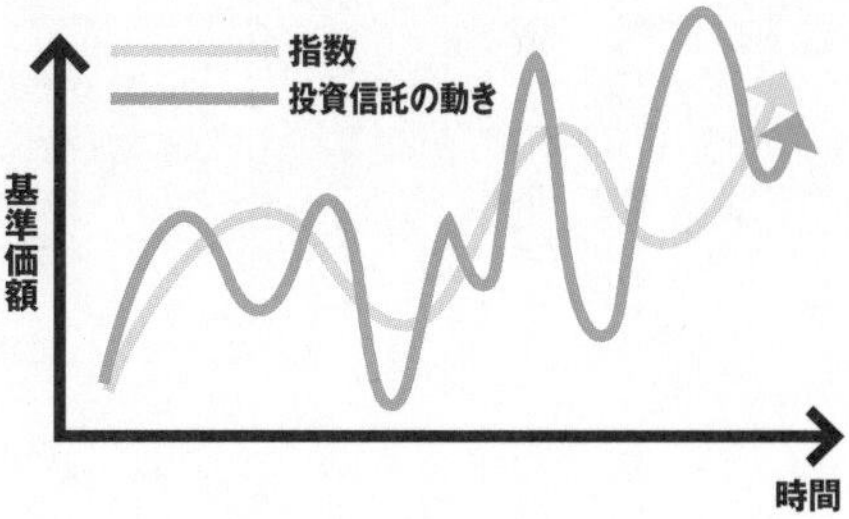

▶投資信託にかかる3つの手数料

コスト	詳細
販売手数料	投資信託購入時に発生する手数料。購入額の数%を、購入時に手数料として支払います。0円（ノーロード）のものもあります。
信託報酬	投資信託保有時に発生する手数料。保有している商品の時価総額の数%が、信託財産の中から毎日差し引かれます。
信託財産留保額	投資信託を売却したときに発生する手数料。売却時の投資信託の基準金額に対して、0.2〜0.3%の手数料が差し引かれるのが一般的。0円のものもあります。

はじめて投資するという人は、安定したリターンが見込めるインデックス型を選んだ方が無難でしょう。

Lesson 10

シャープレシオとリスク許容度

投資信託を選ぶ際に抑えておくべきこと

¥ 商品の購入前に確認するポイント

投資信託の商品には良し悪しがあり、それを見極めるには、運用成績をチェックするだけでは十分とはいえません。

たとえば、商品のリスクと利益の関係を数値化した「シャープレシオ」をチェックし、同じリスクでも高いリターンを得られる「効率のよい商品を選ぶことが長期運用には重要になってきます。ごくわずかな差でも、長期間運用していくと、最終的な利益はかなりかわってきます。また、交付目論見書（84ページで紹介）や販売手数料、信託報酬といったコストも忘れずにチェックするようにしましょう。

さらに、年齢や投資経験から自分のリスク許容度を確認し、それに合わせて商品を選ぶようにしましょう。若ければハイリスク・ハイリターンの商品を選んで失敗してしまったとしても、まだ挽回する時間と金銭的な余力があります。しかし、定年間近に大きな損失を負ってしまうと、資産を取り戻すのは難しくなってしまいます。

保有している資産を把握しておくことも大きなポイントです。保有している資産が多ければ、ある商品で損失を負ってしまっても、ほかの商品でカバーできます。自身の年齢や資産の状況をしっかり確認してから、投資を始めることをオススメします。

投資信託を選ぶポイントとは？

シャープレシオやリスク許容度を確認

商品のリスクを測る「シャープレシオ」

$$\text{シャープレシオ} = \frac{\text{ファンドの平均リターン（\%）－無リスク資産のリターン（\%）}}{\text{ファンドのリスク（標準偏差、\%）}}$$

シャープレシオとは、あるリターンを獲得するためにどれぐらいのリスクをとっているかを表すもので、この数値が高ければ高いほど、効率的な運用が行われたということを意味します。計算式は、その投資信託（フアンド）の平均リターンから、国債など無リスクの資産のリターンを引いたものを、フアンドのリスク（標準偏差）で割ります。仮に、国債（無リスク資産）のリターンが1%の時、投資信託Aの平均リターンが3%で、投資信託のリスク（簡単にいうと価格の変動幅）を5%だったとします。投資信託Bは平均リターンが5%で、リスクが20%だつた場合、シャープレシオは以下の計算となります。

・投資信託A＝(3−1)÷5＝0.4　・投資信託B＝(5−1)÷20＝0.2

投資信託Aの方が、より少ないリスクでリターンを稼いでいるとみなすことができます。

自分のリスク許容度を確認

リスク許容度とは「どれくらい投資元本がマイナスとなっても生活に影響がないか」といった気持ちや余裕を計るものです。

許容度高 ⟷ 許容度低

低い ← 年齢が… → 高い

多い ← 保有している資産が… → 少ない

対象資産による分類

投資目的やコストについて詳しく書かれている交付目論見書にも必ず目を通しましょう。

交付目論見書でチェックすべき箇所は84ページで紹介!

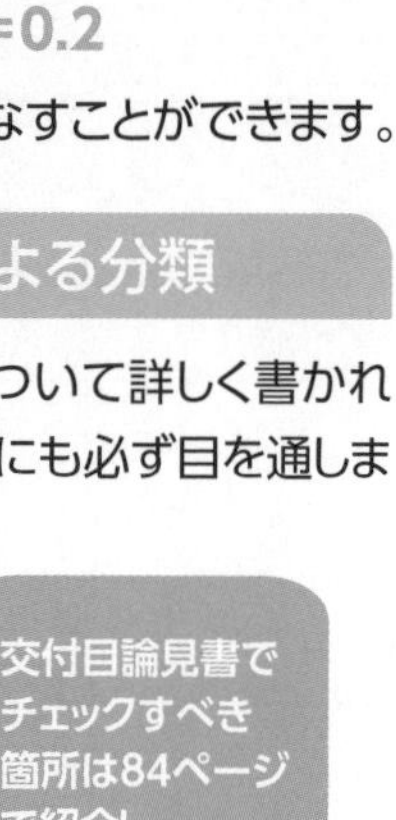

リスクに対しどれくらいのリターンを得られるか考えることが重要です

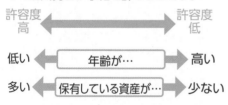

Lesson 11

年齢に合わせた投資信託選びが重要

年代別投資信託の選び方

年齢に合った商品を選ぼう

投資信託の商品は、自分の年齢と投資の目的に合ったものを選びましょう。

たとえば20代は、結婚や出産など、さまざまなライフイベントが控えている時期です。出費がかさむことになりますので、それに対応できる資産を築く必要があります。年齢的にもリスクをとって大きなリターンを狙うことができるので、ハイリターン狙いで新興国を含む海外株式を中心に投資した商品を選ぶことも可能です。

30代・40代で子どもがいる家庭であれば、入学費や学費といったまとまった資金が必要になる時期。とはいえ、20代ほどリスクを取るのは少々危険です。海外株式を扱う投資信託でも、先進国中心の商品を選んだ方が無難でしょう。ハイリスクな商品に手を出すと、思わぬ損害を被って家計が苦しくなってしまう可能性が出てきますので気をつけてください。

50代以上になると、資産を増やすことよりも、いかに安定して運用できるかが重要になってきます。体力的に働ける時間が少なくなっているので、投資に失敗したときの損害をカバーすることが難しくなっているからです。株式よりも安定性のある、債券を中心に投資した商品を選ぶといいでしょう。ただし、教育費の負担がない、退職金など、まとまった資金が多くある場合は、資産形成のラストスパートの時期でもあります。

投資信託の選び方とは

投資家の年代や目的によって変わってくる

20代の選び方

- 海外株式ファンド（新興国含む）
- 海外株式ファンド（先進国中心）
- 国内株式ファンド

大きなライフイベントがいくつも控え、リスクを取っても問題ない年代は、新興国にも投資する投資信託といった大きなリターンが期待できる商品も選択肢に入ります。

30代・40代の選び方

- 海外株式ファンド（先進国中心）
- 国内株式ファンド
- バランスファンド

ライフイベントに加え、子どもがいる家庭なら、まとまった資金がさらに必要。ただし、20代のようにリスクを取るのは危険です。

50代以上の選び方

- 海外債券ファンド
- 国内債券ファンド
- バランスファンド

安定した老後を送るには、安定した投資運用が重要です。株式ではなく債券を中心にする商品、またはバランスファンドを選ぶといいでしょう。

若いときはリターンを重視し、年齢を重ねるごとに安定を重視するよう、投資計画を年齢に合わせて見直してくといいでしょう。

自分の年齢やリスク許容度、投資目的に合った投資信託を理解して、最善の方法で資産を形成していきましょう。

Lesson 12

投資するかどうかの重要な判断基準となる

目論見書の見方を学ぼう

目論見書は商品の取扱説明書

運用は投資のプロに任せますが、投資信託を購入するのは投資家です。悪い商品を掴まないためにも、購入前に交付目論見書に必ず目を通しましょう。この書類には、投資先、手数料、運用方針、基準価格、純資産の推移などが記載されています。つまり、目論見書は商品の取扱説明書のようなものであり、投資家が商品の良し悪しを判断するのに重要です。

まず確認すべきなのが、アクティブ型やインデックス型といった商品の分類です。これらは投資信託の運用方針を指していて、アクティブ型は市場の平均よりもよい結果を得るために、積極的に投資します。高リターンを狙うとリスクも上がりますので、大きく勝つこともあれば負けることもあります。

一方、インデックス型は株価指数などのベンチマークと同じ値動きを目指す運用をします。ベンチマークの代表例は、日本株は日経平均株価、米国株はNYダウです。

基準価額や純資産総額の推移もチェックしましょう。基準価額は投資信託の値段（時価）のことで、純資産総額は投資信託の全資産から支払いが済んでいない費用や分配金などの負債の総額を差し引いた額のこと。投資信託の規模を示す指標です。ほかにも、投資信託のおもな投資対象や、その割合も重要なチェックポイントです。

目論見書の見方とは

交付目論見書で最低限確認すべきポイント

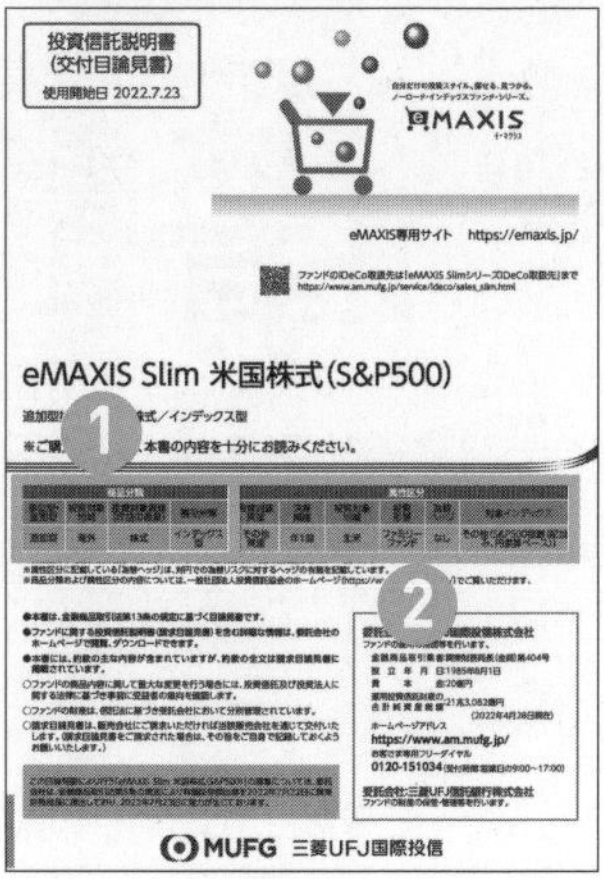

① 商品分類

単位型・追加型、アクティブ型・インデックス型のどちらか、また投資の対象地域や種類を確認しましょう。ちなみに「単位型」は最初の決められた期間しか購入できない投資信託。「追加型」はいつでも購入可能な商品です。

② 属性区分

投資形態や対象とするベンチマークを確認しましょう。この例の場合は米国株式の指数であるS&P500がベンチマークです。そして為替ヘッジなし(為替の影響を受けるタイプ)です。

③ 基準価額・純資産の推移

基準価格や純資産総額など運用成績の推移を確認できます。分配金がある投資信託の場合は、決算ごとの金額が確認できます。

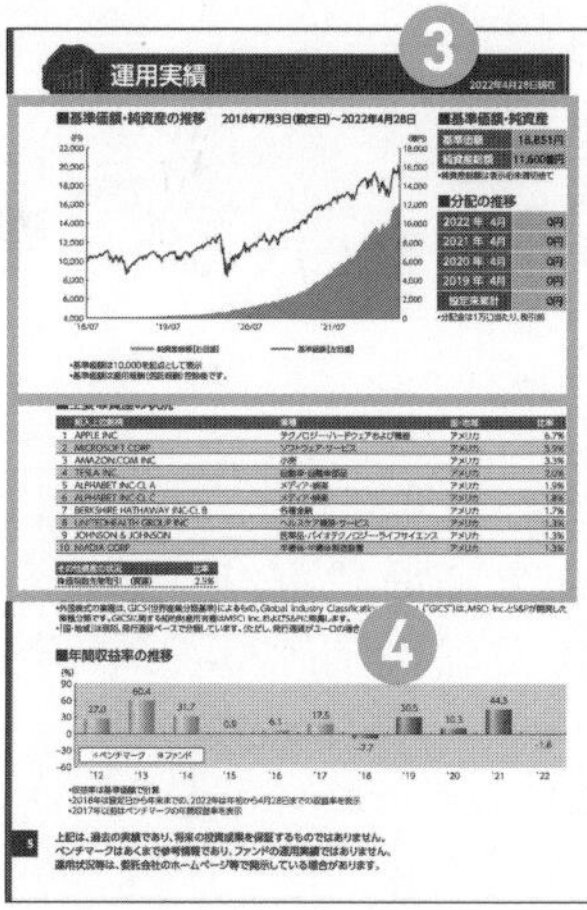

④ 主要な資産の状況

投資信託のおもな投資対象や、その割合を確認できます。この割合から、その商品の特徴を掴むことができるでしょう。

⑤ 手数料

投資家が直接的に負担する購入手数料、信託財産留保額(解約時)と、投資者が信託財産から間接的に負担する手数料(信託報酬)が確認できます。

Lesson 13

●運用報告書で各種データを確認

保有中は運用経過を確認しよう

基準価格とベンチマークの比較

運用報告書は投資信託が決算を迎えるごとに作成され、投資信託を保有している受益者に交付されます。報告対象期間における投資信託の運用経過を知ることができる書類です。基準価格の推移や変動要因のほか、投資環境や投資資産のポートフォリオ、そしてベンチマークと運用結果の差異、運用結果について記載されています。

基準価額は「ファンドの値段」、ベンチマークは「運用する際に目標とされる指数」です。基準価額の推移はベンチマークの推移とともにグラフで表されます。ベンチマークとの連動性を確認していきましょう。インデックスファンドであれば、ベンチマークと乖離していない商品を選ぶようにするといいでしょう。アクティブ型投資信託の場合は、ベンチマークを上回っているかが大きな判断基準となります。

純資産総額は「ファンドの大きさ」で、商品の資産（株式・債券・現金など）から負債を除いた財産の合計を指しています。純資産総額の主な変動要因は、「組入れ資産の時価の変動」「コスト（信託報酬等）」「分配金」で、基準価額と異なり、資金の流出入でも変動することがあります。また、純資産総額が右肩下がりの場合、投資家の解約が相次いでいる可能性があるので、注意しておきましょう。

運用報告書のチェックポイントとは

基準価額とベンチマークを比較しよう

基準価額は「ファンドの値段」、ベンチマークは「商品を運用する際に目標とされる基準」です。インデックス型投資信託の場合はベンチマークと離れすぎていないか、アクティブ型投資信託の場合はベンチマークを上回っているかをチェックしましょう。仮にこのファンドのベンチマークが日本株（日経225）で連動を目指している場合には順調だったことがわかります。

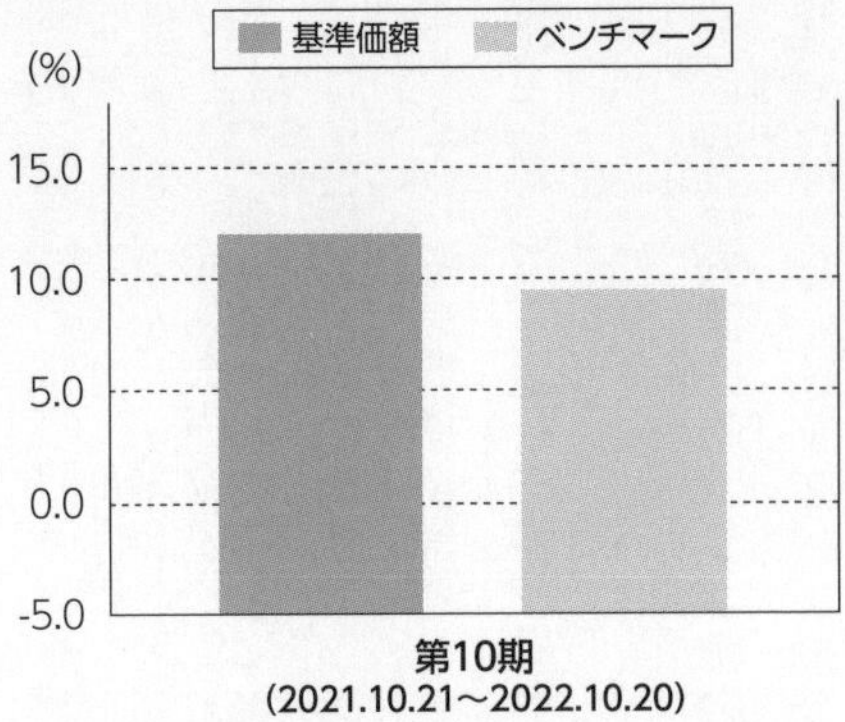

基準価格・純資産総額の推移をチェックしよう

純資産総額は右肩上がりであれば運用も順調で、投資家からの新規資金流入があることがわかります。また、基準価格の推移もしっかり確認しましょう。そのほかにも運用報告書には運用経過の説明のほか、今後の運用方針や代表的な資産クラスとこの投資信託との暴落率の比較（最新）などが掲載されています。保有中は必ずチェックしましょう。

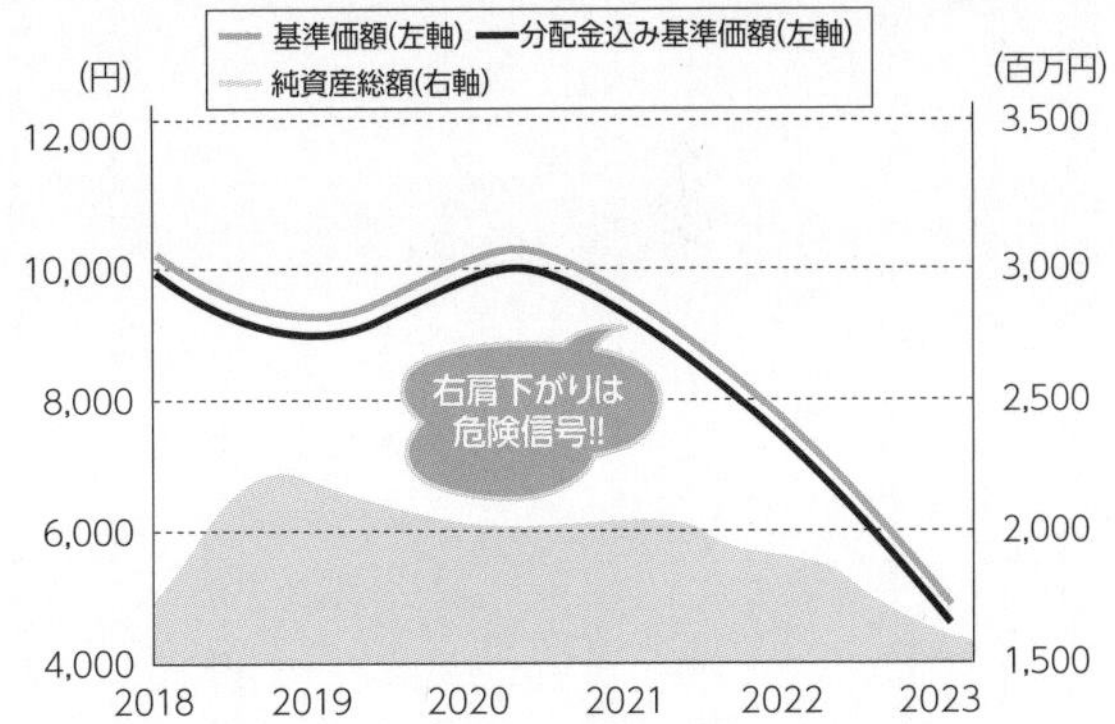

ファンド選びの大きなポイントとなる各種データの見方をチェックしましょう。

Lesson 14

資産配分や資産全体をリバランス

● 定期的にリスクを見直すクセをつけよう

たまには調整が必要!

投資信託は、最初に商品を購入したら、あとは投資のプロに運用を任せることになります。ただし、投資状況は定期的にチェックしましょう。

投資信託を利用する場合は、リスクを分散するために、値動きの違うものに分散投資するのが基本です。この資産を組み合わせて保有することを、ポートフォリオを組むといいます。このポートフォリオの運用において、時間の経過とともに保有資産の値動きによって、当初の資産配分から変化が出てきます。

たとえば持っていた投資信託のうち、株の比率が高いものが値上がりしたとします。そのままにしておくと、リスクの高いものを保有している割合が多くなり、その分リスクが増えます。その場合は、他のリスクの低い商品を買い増して、当初のバランスに戻すなど調整が必要です。最初の配分比率を保つように、資産の配分率を再調整することを「リバランス」といいます。

資産全体もリバランスを!

貯蓄と投資を合わせた資産全体も、リバランスしながら運用するのが効果的です。病気や家のリフォーム等、急にお金が必要になったときに貯蓄が少ないと、家計が立ち行かなくなってしまいます。資産全体を安定的に増やせるように、定期的に見直していきましょう。

定期的にリバランスを！

資産配分をリバランスしてリスクを調整する

投資信託の運用中に、保有している商品の値動きによって、資産の配分比率が変わることがあります。そのため年に1回程度、リバランスしましょう。

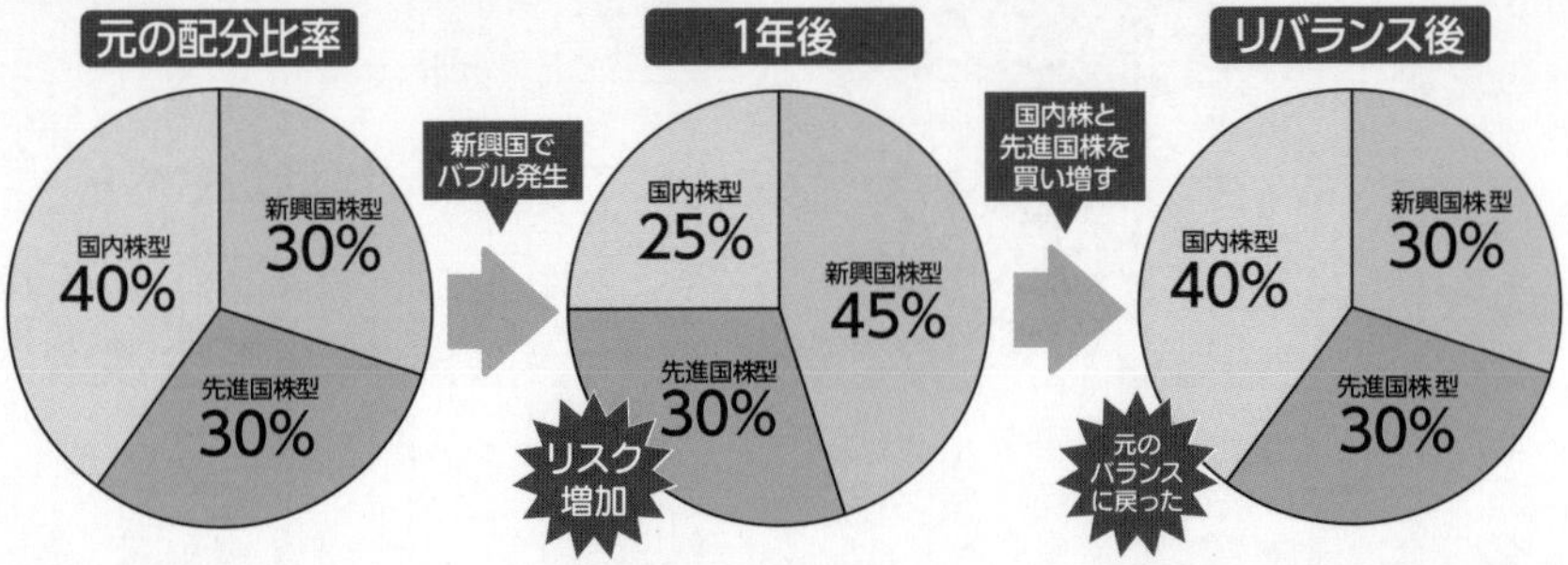

資産全体もリバランスしながら増やしていく

資産全体の運用においても、リバランスは大切です。たとえば、投資と貯蓄を50%の割合で運用するとします。もし所有する商品が値上がりしたら、そのぶん投資の割合が貯蓄の割合を上回ってしまうので、商品を一部を売却しましょう。資産を形成するには、投資と貯蓄をバランスよく運用することが重要です。

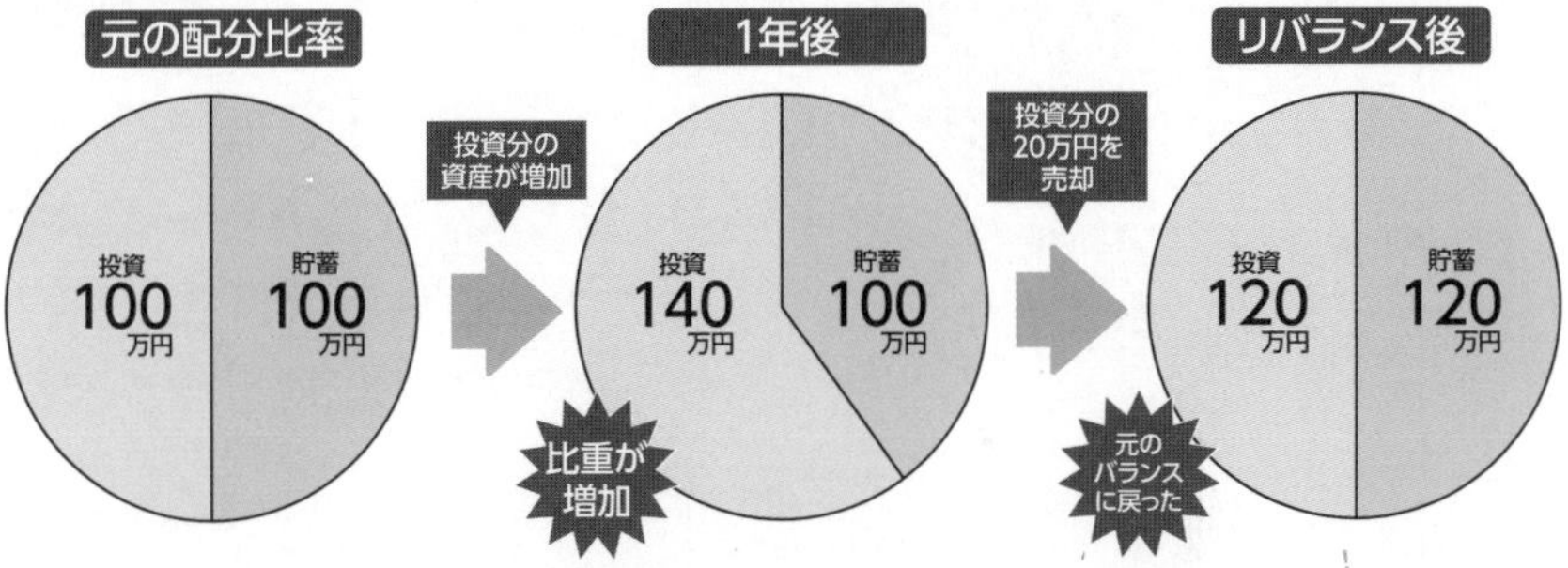

資産配分や資産全体をリバランスして効率よく運用していくのが重要です。

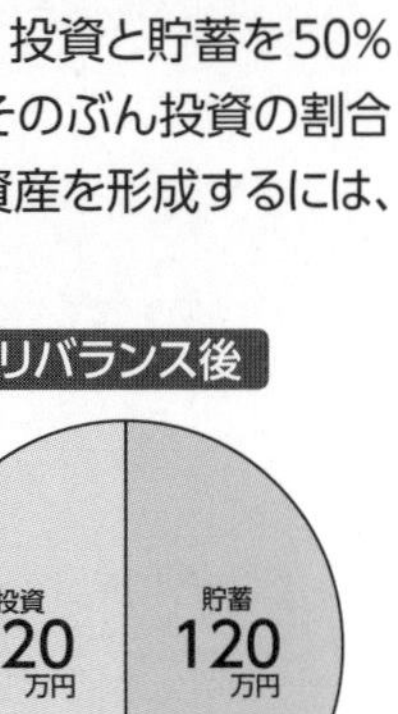

Lesson 15

株式投資と投資信託の特徴を併せ持つ商品

ＥＴＦ（上場投資信託）とは

幅広い選択が可能になったＥＴＦ

ＥＴＦとは「上場投資信託」を意味する言葉で、その名称のとおり東京証券取引所などの金融商品取引所に上場している投資信託です。

なおこれまで日本市場では、日経平均株価やＴＯＰＩＸ（東証株価指数）、Ｓ＆Ｐ５００、金や石油の価格といった指数への連動をめざして運用する「インデックスＥＴＦ」だけしか上場していませんでした。それが２０２３年９月、何らかの指数に連動させることなく柔軟に運用する「アクティブＥＴＦ」が東京証券取引所に６銘柄上場されました。これにより、今までより幅広い選択が可能となっています。

メリット＆デメリットを把握しよう

ＥＴＦは一般の投資信託と同様、リスクを軽減できる分散投資を通常の株式投資より少ない金額で行うことが可能。また一般の株式と同様にリアルタイムでの取引や信用取引が可能だったり、信託報酬が比較的安かったりと、一般の投資信託にはないメリットも多数あります。

ただしその一方、分配金の自動再投資ができなかったり、最低投資金額が大きくなる傾向があったりと、一般の投資信託とは異なる部分もあります。また一般の株式投資とは違い、株主優待は受けられません。そういったデメリットもしっかりと把握しておきましょう。

ETF（上場投資信託）の特徴

▶ETFと株式投資・投資信託の特徴を比較

	ETF	株式投資	投資信託
信託報酬	あり（投資信託より低い傾向）	なし（売買手数料あり）	あり（ETFより高い傾向）
分散投資	少額の資金から可能（投資信託に比べると高額）	高額の資金が必要	少額の資金から可能
上場	している	している	していない
取引方法	証券取引所で売買	証券取引所で売買	販売会社で申し込み
取引価格	リアルタイムで変動する市場価格	リアルタイムで変動する市場価格	1日1回算出される基準価格
取り扱い	証券会社	証券会社	証券会社、銀行、郵便局など

▶ETFのメリットとデメリット

ETFのメリット

●**リアルタイムでの取引が可能**
株式投資同様に取引でき、信用取引も可能。

●**手軽に分散投資が可能**
多数の銘柄へ投資するのでリスクを回避。

●**値動きがわかりやすい**
連動する指標を追えばOK（インデックス型）。

●**コストが安い**
信託報酬が一般の投資信託より安価な傾向。

ETFのデメリット

●**分配金の自動再投資ができない**
投資信託の場合、分配金を自動的に再投資すれば「複利効果」が期待できます。それに対しETFは決済時にすべて分配するため、自分で再投資を行う必要があります。

●**投資額が大きくなりがち**
100円から投資できる投資信託と比べると高額。

●**上場廃止の可能性がある**
上場廃止でも1カ月は売買&買取請求が可能。

●**株主優待が受けられない**
投資信託同様、組入銘柄に入っている企業も優待はありません。

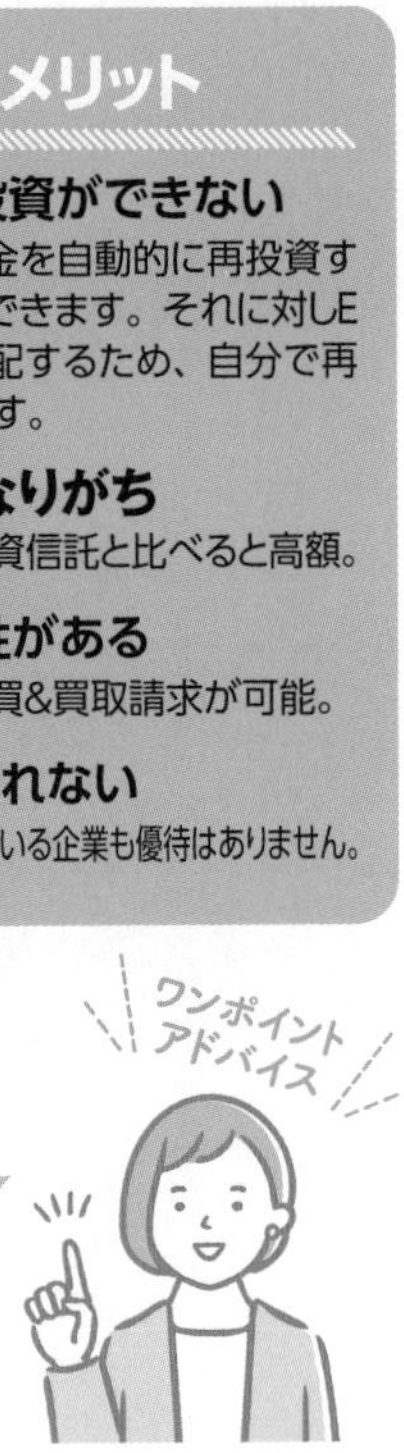

海外ETFの取引は現地通貨が必要です。証券会社のレートで円から外貨に換金して購入し、取引価格も現地通貨で表示されます。また配当金も、現地通貨で受け取るので、為替の影響が大きいという特徴があります。

Lesson 16

どういう形で投資したいかによって選びたい

ＥＴＦにはさまざまな種類がある

多種多様な対象への投資が可能

ＥＴＦには、株式以外にも金、石油、不動産などといったさまざまな金融商品の指数と連動するものがあります。また、地域や業種別に投資対象を絞った銘柄なども存在します。これら幅広い分野のＥＴＦの購入は、分散投資という点からすると有用なものです。ただし投資信託にはさまざまな分野の銘柄をひとつにまとめた商品がありますが、ＥＴＦにはそのような商品はありませんので、さまざまな対象へ投資するためには複数のＥＴＦを購入する必要があります。

他に投資対象を増やす方法としては、海外ＥＴＦの購入という手段もあります。経済状況のよい国や新興国などに投資することで、日本経済の景気に左右されない資産運用が可能になります。もちろん株式投資においても同様のメリットは享受できますが、海外の国の景気や企業それぞれの個別情報は入手が容易ではなく、どの銘柄を買うのか判断が付きづらい欠点があります。そこで、ＥＴＦのように多くの銘柄に分散投資するという方法が、有効になってくるのです。

さらに本誌90ページでも触れた、指数に連動しない形の「アクティブＥＴＦ」も、今後商品が増えていくことが予想されます。このようにさまざまな選択肢のあるＥＴＦだけに、自分のめざす投資スタイルにどの商品が合うのかをじっくり検討したうえで購入したいところです。

いろいろなETFが存在

ETFはさまざまなカテゴリーに分けられる

❶ 対象資産による分類

債券、不動産、金などの指数と連動するETFがあり、株式とは違う値動きをするため、リスク分散になります。

❷ 投資地域による分類

国外が投資対象のETFも存在します。新興国への投資をしたいけど銘柄までは絞れない場合などには有効な投資です。

❸ セクター、テーマによる分類

海外ETFには「ファッション」などの業種や「高配当銘柄」「大型株」などのテーマで絞った株の価格と連動するものがあります。

❹「ブル」「ベア」による分類

株価上昇が予想される場合はブル型、下落ならベア型のETFを買えば、大きな利益の可能性が。ただし逆の場合もあります。

❺ 上場市場による分類

日本だけでなく各国の株式市場に上場するものがあります。市場を分散させておくことは、リスクヘッジに有効な手段です。

❻ 運用方法による分類

2023年9月から日本でも「アクティブETF」が登場し、既存の「インデックスETF」と運用方法を選べるようになりました。

海外ETF＆アクティブETFのメリット＆デメリット

海外ETFのメリット

- 銘柄が多く選択肢が豊富
- 一部に為替手数料の優遇制度あり
- 手軽に分散投資が行える

海外ETFのデメリット

- 国内よりも手数料が高いことが多い
- 為替リスクがある
- 通貨の換金手数料がかかる

アクティブETFのメリット

- 投資ニーズに応じた商品開発が可能に
- 柔軟に運用できる
- 保有銘柄が明示され透明性が高い

アクティブETFのデメリット

- 運用目標の実現性や運用の経過についてしっかり観察することが必要
- インデックスETFと比べて信託報酬が高くなる傾向がある

豊富なカテゴリーがある「ETF」だけに、きっとあなたの投資スタイルに合う商品が見つかることでしょう！

Lesson 17

J-REITのしくみ

●投資信託のシステムで不動産へ投資できる

J-REITは不動産版の投資信託

REIT（リート）は「不動産投資信託」のことで、投資家から集めた資金を主として不動産に投資する投資信託です。「J-REIT」はその日本版という意味合いで、そのしくみは95ページで説明しているとおり「投資法人」と呼ばれる会社のような形態を取っています。

J-REITでは、株式会社でいうところの株式にあたる「投資証券」を発行し、投資家はこの投資証券を購入します。投資法人はビルや施設などの不動産を購入し、賃貸料や売買益などといった収入を得ます。そこで得た収入を、投資者へ分配する形となっています。

なおJ-REITの「価格」は、投資家の需要と供給によって変化します。

J-REITには税制面の優遇あり

J-REITの大きなメリットとして挙げられるのは、税制面での優遇です。決算の際、収益の90％を超えた金額を投資家へ分配するといった条件を満たすことにより、法人税がほとんどかからない恩恵が認められています。

このため投資家は、たとえば同じような事業を営む株式会社へ投資する場合と比べ、J-REITへ投資した場合の方が、より多くの分配金を受け取ることができるのです。

「J-REIT」とは

J-REITのしくみ

株式会社での株式にあたる「投資証券」を発行し投資家たちに販売。J-REITの資産運用、資産保管、事務などは、委託会社が行います。

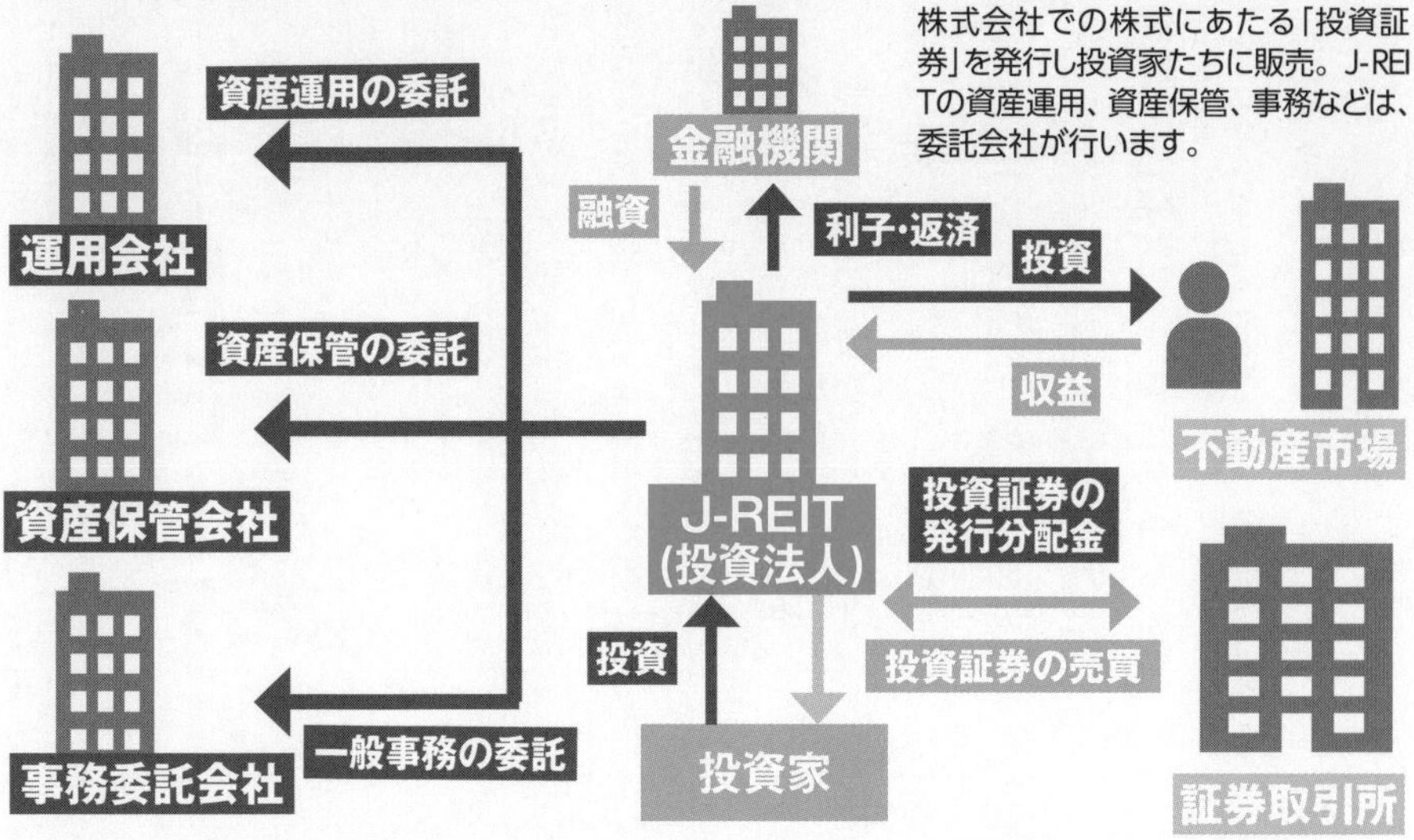

J-REITで取り扱われる商品は主に8種類

●オフィスビル運用型
オフィスビルを中心に投資を行う商品。

●商業施設運用型
ショッピングセンターや商業店舗ビルなどを中心に投資を行う商品。

●住宅運用型
マンションなどを中心に投資を行う商品。

●ヘルスケア型
介護やヘルスケア施設を中心に投資を行う商品。

●物流施設運用型
物流センターなどを中心に投資を行う商品。

●ホテル運用型
リゾートホテル、ビジネスホテルなどを中心に投資を行う商品。

●複合型
2つの種類の不動産に投資を行う商品。

●総合型
3つ以上の種類の不動産に投資を行う商品。

本来であれば莫大な資金が必要な不動産への投資を少額で行えるのは、大きなメリットといえるでしょう。

Lesson 18

J-REITのメリットとリスク

いいことも悪いことも含めて検討しよう

多くのメリットがあるJ-REIT

どんな金融商品であっても、メリットだけでなくやリスクがあることを認識し、内容を理解して投資することが基本中の基本。ここではJ-REITのメリット&デメリット、さらにはコストや税制などについても触れていきます。

J-REITのメリットは、なんといっても少ない金額で不動産投資ができる点や、94ページで説明した税制面での優遇によって利益のほとんどが分配される点以外にも存在します。運用や管理を専門家に任せられるのは手間がかかりませんし、株式と同様の換金性の高さも有し、分散投資のメリットを享受できるのも魅力です。

リスクやコストも考慮したい

J-REITの主なリスクとして挙げられるのは、賃貸&売買市場や経済動向に左右される不動産市場の影響。また天変地異で投資している物件が被害を被った場合、価格や分配金へ影響が出る可能性も存在します。また直接的ではないものの、J-REITは金融機関からの借入をして資金調達することがあり、金利変動によるリスクを受け分配金が変動する場合もあります。

もちろん株式と同様に価格が下落したり、一般企業のように上場廃止や倒産のリスクもあります。そして購入時の売買手数料や分配金・譲渡益にかかる税金にも留意が必要です。

J-REITのメリットとリスク

▶J-REITのメリット

① 少額で始められる

通常、不動産の投資には多額の資金が必要になりますが、J-REITの商品であればそれより少額の資金からでも手軽に始めることができます。

② 分散投資が可能

資金面から個人ではなかなか難しい複数の不動産への分散投資も、J-REITならひとつの商品内で行えるのでリスクを抑制できます。

③ 運用や管理を任せられる

不動産に関する専門家が運用を行っているので、任せておいて安心。また不動産にはつきものの物件やテナントの管理も必要ありません。

④ 換金性が高い

通常の株式と同様の時間帯に購入や売却の注文が可能で、成行注文や指値注文等も行えるので、株式と同様の換金性といえるでしょう。

⑤ 収益がほとんど分配される

95ページでも説明しましたが、J-REITは、決算期に配当可能利益の90%超を分配するなどの要件を満たすことで、法人税がほとんどかからないという恩恵が認められています。このため投資家は、同等の事業を営む株式会社へ投資する場合と比べ、Jリート投資からより多くの分配金を受け取ることができます。

▶J-REITのリスク

① 不動産市場のリスク

J-REITが保有する物件の賃料収入は、不動産の賃貸市場や売買市場、金利環境、経済情勢などの影響により、下がることがあります。

② 金利変動リスク

J-REITは、一般投資家からの資金、金融機関からの借入で資金調達することもあり、金利の変動により分配金が変動することもあります。

③ 天災などによるリスク

地震や火事といった天変地異により、投資対象としていた不動産が物理的な被害を受けた場合、価格や分配金が変動することもあります。

④ 上場廃止・倒産のリスク

通常の法人と同様に、J-REITも上場を廃止したり倒産したりするリスクがあります。価格の変動も含め、最新の情報は常にチェックしておきましょう。

⑤ コストや税金がかかるリスク

J-REITにおいて必要なコストは「売買手数料」で、売買の際に投資家は手数料を証券会社に支払う必要があります。またJ-REITで得た分配金や譲渡益には、所得税として20.315%の税金がかかりますので、あらかじめ計算に入れておきたいところです。

さまざまなメリットやリスクをしっかりと比較検討したうえで投資するのは、どの商品でも同じです！

オススメの株式銘柄

東証PRM-4452

花王

最低投資額 **555,800円**

日本を代表するトイレタリーメーカー

台所や水回りではおなじみのブランド。コンシューマープロダクツ（ハイジーン＆リビングケア、ヘルス＆ビューティケア、ライフケア、化粧品）、ケミカル製品（油脂・機能材料・スペシャルティ）の製造・販売を行っています。

基本情報

株価	5,558円	PER	63.02倍
時価総額	2,589,472百万円	PBR	2.58倍
1株配当	150.00	EPS	88.20
配当利回り	2.70%	BPS	2,154.97

東証PRM-7466

SPK

最低投資額 **178,400円**

連続で増配を続ける好財務企業

自動車用補修・車検部品の卸売商社。自動車整備・補修のアフターマーケット市場で補修部品・用品・附属品と建設・産業機械車両部品の輸出入・販売を行っています。安定成長を続け、連続増配期数は全上場会社中２位を記録しています。

基本情報

株価	1,784円	PER	8.33倍
時価総額	18,650百万円	PBR	0.76倍
1株配当	50.00	EPS	214.10
配当利回り	2.80%	BPS	2,354.89

東証PRM-8593

三菱HCキャピタル

最低投資額
99,320円

経営統合でシェア拡大した大手リース会社

三菱商事系列の大手総合リース会社。国内・海外法人ビジネスによる機械・器具備品のリース・割賦販売・貸付を主力に、さまざまな分野で金融サービスを提供。日立キャピタルと21年4月に経営統合し、リースでは首位級シェアになりました。

基本情報

株価	993.2円	PER	11.89倍
時価総額	1,456,937百万円	PBR	0.90倍
1株配当	37.00	EPS	83.55
配当利回り	3.73%	BPS	1,107.43

東証PRM-5947

リンナイ

最低投資額
285,150円

ガス器具製造販売でトップを走る大企業

給湯器やビルトインコンロ等のガス機器で国内シェアトップを獲得し、韓国、中国、アメリカ、オーストラリアなどの海外展開にも意欲的。厨房機器と給湯機器が事業の両輪で暖房機器にも強みあり。好財務体質で、今後の増配にも期待できます。

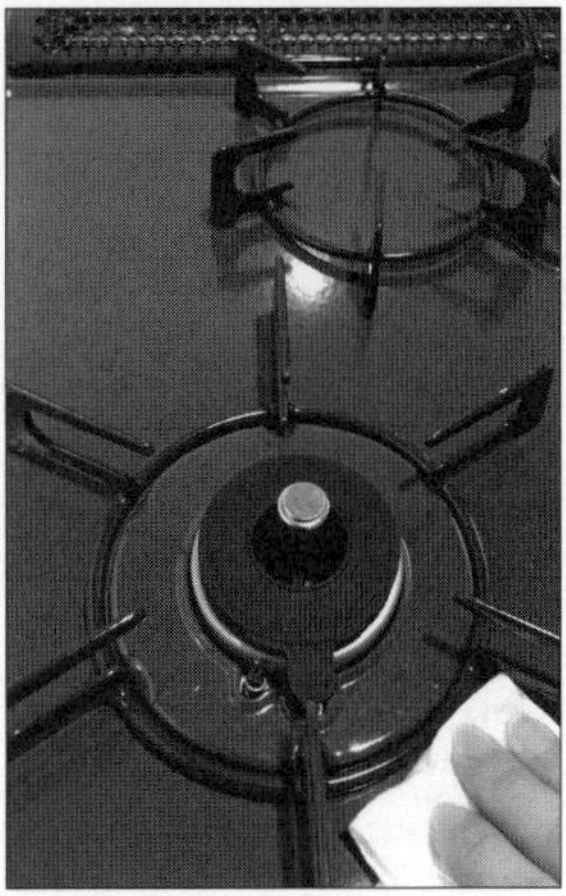

基本情報

株価	2,851.5円	PER	16.68倍
時価総額	427,905百万円	PBR	1.14倍
1株配当	60.00	EPS	170.96
配当利回り	2.10%	BPS	2,494.56

東証PRM-4732

ユー・エス・エス

最低投資額

269,350円

事業者向けの中古車オークションを展開

　中古自動車取扱事業者向けの現車オークションサービス「USSオートオークション」を運営し、財務状況は好調。中古車買い取り専門店「ラビット」も展開し、最近は廃車リサイクルやオートオークション接続サービスなどの新事業にも進出しています。

基本情報

株価	2,693.5円	PER	21.28倍
時価総額	692,230百万円	PBR	3.61倍
1株配当	69.40	EPS	126.57
配当利回り	2.58%	BPS	746.75

東証PRM-9989

サンドラッグ

最低投資額

408,400円

東京西部地盤のドラッグストア大手

　東京西部を地盤に店舗展開するドラッグストアチェーン「サンドラッグ」の運営企業で、西日本ではディスカウントストアも展開。ローコスト経営が特徴的で、最近ではドラッグストアとコンビニエンスストアを融合した「サンドラッグCVS」を出店中。

基本情報

株価	4,084円	PER	18.16倍
時価総額	487,349百万円	PBR	2.01倍
1株配当	114.00	EPS	224.93
配当利回り	2.79%	BPS	2,030.16

東証PRM-9058

トランコム

最低投資額
722,000円

東海地区から最近は東京&大阪へも進出

名古屋地区が地盤の物流サービス会社で、最近は東京・大阪にも事業を展開しています。顧客企業の物流業務全般の一括請負から貨物の輸配送業務、物流センターの運営や派遣、空車情報と貨物情報のマッチング業務なども行っています。

基本情報

株価	7,220円	PER	14.66倍
時価総額	74,540百万円	PBR	1.36倍
1株配当	132.00	EPS	492.56
配当利回り	1.83%	BPS	5,291.35

東証STD-9436

沖縄セルラー電話

最低投資額
322,500円

沖縄県ではシェア5割を誇る携帯電話会社

KDDIと沖縄経済界が共同出資し、沖縄でシェア5割を獲得する携帯電話会社最大手で、固定通信と併せて顧客開拓を行っています。好調な業績は配当にも反映されており、近年は連続増配が続いています。

基本情報

株価	3,225円	PER	14.15倍
時価総額	158,742百万円	PBR	1.68倍
1株配当	100.00	EPS	227.88
配当利回り	3.10%	BPS	1,921.02

東証PRM-1898

世紀東急工業

最低投資額

159,200円

大手鉄道グループ傘下の道路舗装会社

関東私鉄大手である東急グループ傘下。道路舗装工事（アスファルト・コンクリート・遮熱型舗装）を中心に土木工事（宅地造成、法面整備、水利工事）、環境景観整備工事を行っています。近年は舗装資材の製造販売にも進出しています。

基本情報

株価	1,592円	PER	17.85倍
時価総額	59,580百万円	PBR	1.50倍
1株配当	90.00	EPS	89.17
配当利回り	5.65%	BPS	1,058.63

東証STD-7523

アールビバン

最低投資額

107,100円

アート中心のマーケティング&プロモーション会社

現代版画の催事販売が主体の会社で、イラスト系も扱っています。他にもクレジット&フィットネス事業や、ホットヨガ「アミーダ」も展開。最近ではアーティストの発掘・育成・プロデュースなどといった事業も展開しています。

基本情報

株価	1,071円	PER	9.78倍
時価総額	13,884百万円	PBR	0.73倍
1株配当	60.00	EPS	109.56
配当利回り	5.60%	BPS	1,465.84

東証PRM-1890

東洋建設

最低投資額

122,400円

事業は好調で運営上の問題も解決

海上土木分野で大手のゼネコンで、フィリピンやケニアに強みを発揮。最近は都市部を中心に建築事業も展開しています。大株主である任天堂創業家の資産運用会社との対立も株主総会で決着し、新体制への再評価の動きに注目が集まっています。

基本情報

株価	1,224円	PER	19.21倍
時価総額	115,510百万円	PBR	1.66倍
1株配当	63.00	EPS	63.73
配当利回り	5.15%	BPS	739.30

東証PRM-2914

JT

最低投資額

366,000円

今後は加熱式たばこが事業の中核に

たばこが事業の中核を担う企業で、最近はM&Aで海外たばこ事業も拡大中。また食料や医薬品も展開しています。近年は加熱式たばこを中核事業として育成する方針を打ち出して、2024年までに20カ国以上で主力製品を販売予定です。

基本情報

株価	3,660円	PER	14.00倍
時価総額	7,320,000百万円	PBR	1.66倍
1株配当	188.00	EPS	261.40
配当利回り	5.14%	BPS	2,207.55

東証PRM-7239

タチエス

最低投資額

163,500円

各メーカー向けに自動車用シートを製造

独立系の自動車シート専門メーカー。国内大手メーカー向けが主力ですが、米海外メーカーとも提携し世界展開を行っています。円安などがプラス要因となってROEが大幅に改善し、DOE3 ～ 4%を目標としています。

基本情報

株価	1,635円	PER	—
時価総額	57,622百万円	PBR	0.68倍
1株配当	92.80	EPS	—
配当利回り	5.68%	BPS	2,392.59

東証STD-5009

富士興産

最低投資額

192,100円

業績好調な大手系の石油販売会社

ENEOS系の石油販売会社。軽油、灯油、A重油が主力商品ですが、アスファルトや潤滑油の販売、北海道ではLPガスの小売りや建機レンタルも行っています。メガソーラーなどの環境関連事業やリサイクル事業の成長に期待感あり。

基本情報

株価	1,921円	PER	20.06倍
時価総額	16,797百万円	PBR	1.34倍
1株配当	96.00	EPS	95.77
配当利回り	5.00%	BPS	1,434.17

東証STD-2107

東洋精糖

最低投資額

189,700円

業務用を中心に家庭向けも販売

丸紅系の製糖業界中堅。業務用を中心に「みつ花印」精製糖や機能性素材の製造・販売を行っています。塩水港精糖やフジ日本精糖とも共同生産を展開。健康志向の高まりで、注力する機能性素材の盛り上がりが期待できます。

基本情報

株価	1,897円	PER	10.04倍
時価総額	10,350百万円	PBR	0.97倍
1株配当	100.00	EPS	188.90
配当利回り	5.27%	BPS	1,946.93

東証PRM-8306

三菱UFJFG

最低投資額

129,400円

誰もが何らかの形で利用している可能性あり

国内最大の民間金融グループ。銀行だけでなく信託や証券・カード・リースなどさまざまな金融関連事業を展開しています。アメリカやアジアにも進出し、後払い決済サービスにも力を入れ、サービスを手掛ける国内企業を子会社化しています。

基本情報

株価	1,294円	PER	—
時価総額	16,417,898百万円	PBR	0.86倍
1株配当	41.00	EPS	—
配当利回り	3.17%	BPS	1,503.17

野村アセットマネジメント

国内株式

ノムラ・ジャパン・オープン

基準価額

14,156円

株価が割安な成長企業を中心に投資

国内の株式を主要投資対象とし、マザーファンドを通じて投資を行います。投資にあたっては、株価の割安性をベースに企業の収益性、成長性、安定性等を勘案して銘柄を選定。ボトムアップ・アプローチに基づくアクティブ運用を行います。

基本情報

運用方針	アクティブ型	信託報酬	1.672%
純資産額	992億1600万円		
リターン(1年)	+18.57%	リターン(3年)	+13.06%
リターン(5年)	+8.14%	リターン(10年)	+8.06%

SBI岡三アセットマネジメント

国内株式

日本好配当リバランスオープン

基準価額

13,079円

予想配当利回りの高い銘柄をチョイス

国内の金融商品取引所上場株式を主要投資対象とし、投資信託財産の成長を図ることを目標に運用を行います。なお、予想配当利回りの高い日経平均株価採用銘柄の上位70銘柄程度を投資対象とします。

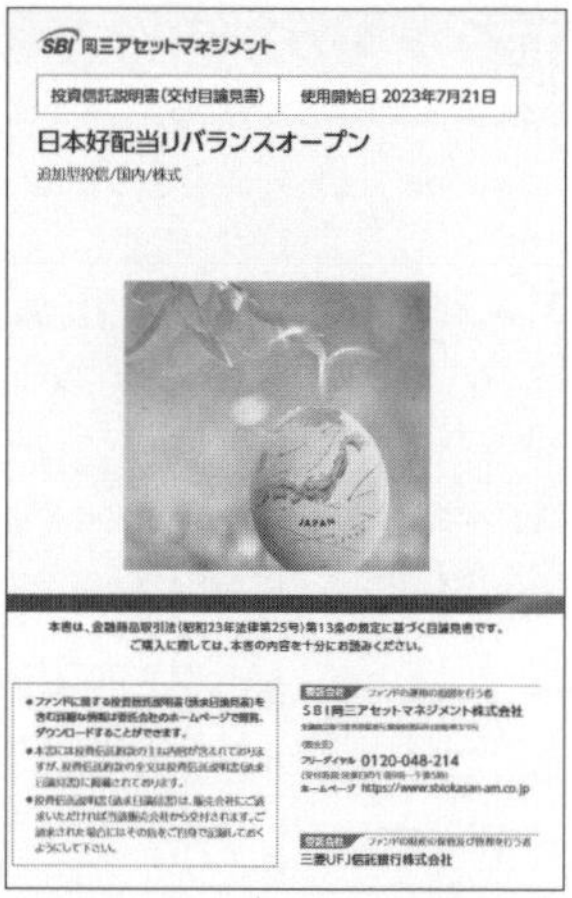

基本情報

運用方針	アクティブ型	信託報酬	0.913%
純資産額	1194億8300万円		
リターン(1年)	+34.92%	リターン(3年)	+28.40%
リターン(5年)	+11.82%	リターン(10年)	+11.91%

大和アセットマネジメント　国内株式

ダイワ金融新時代ファンド

基準価額 **8,145円**

「新時代」に成長が期待できる企業へ投資

国内金融商品取引所上場株式の中から、金融ビジネスの拡大において成長が期待できる企業に投資を行います。また、個々の銘柄への投資にあたっては、ボトム・アップ・アプローチにより投資価値が高いと判断される銘柄を選定します。

基本情報

運用方針	アクティブ型	信託報酬	1.672%
純資産額	233億1800万円		
リターン(1年)	+45.57%	リターン(3年)	+27.94%
リターン(5年)	+11.10%	リターン(10年)	+6.46%

三菱UFJアセットマネジメント　国内株式

つみたて日本株式（日経平均）

基準価額 **18,130円**

日経平均株価との連動をめざす

マザーファンドへの投資を通じ、主に日経平均株価に採用されている国内の株式に投資を行い、日本を代表する指数である日経平均株価と連動する投資成果をめざして運用を行うインデックス型の投資信託。

基本情報

運用方針	インデックス型	信託報酬	0.198%
純資産額	737億8800万円		
リターン(1年)	+14.01%	リターン(3年)	+12.25%
リターン(5年)	+9.01%	リターン(10年)	+9.51%

フィデリティ投信

海外株式

フィデリティ・世界割安成長株投信Bコース（為替ヘッジなし）（テンバガー・ハンター）

基準価額

26,110円

成長度と割安度に着目して投資対象を決定

マザーファンドへの投資を通じ、日本を含む世界各国の金融商品取引所に上場されている企業の株式に投資し運用を行います。企業の長期的な成長力と株価の割安度に着目し、企業の本源的価値を見極める運用をめざしています。

基本情報

運用方針	アクティブ型	信託報酬	1.65%
純資産額	5572億6100万円		
リターン(1年)	+7.86%	リターン(3年)	+23.70%
リターン(5年)	—	リターン(10年)	—

イーストスプリング・インベストメンツ

海外株式

イーストスプリング・インド消費関連ファンド

基準価額

18,712円

成長めざましいインド市場へ投資

投資信託証券への投資を通じて、主にインドの金融商品取引所に上場する消費関連株式に投資し、信託財産の成長を目指して運用を行います。運用会社はアジア株式で実績があり、インドの運用会社からも投資助言を受けます。

基本情報

運用方針	アクティブ型	信託報酬	1.9497%
純資産額	1353億6500万円		
リターン(1年)	+7.45%	リターン(3年)	+32.15%
リターン(5年)	+19.21%	リターン(10年)	+15.05%

SBIアセットマネジメント　海外株式

SBI・V・S&P500インデックス・ファンド（SBI・V・S&P500）

基準価額
20,865円

好調なアメリカ市場へETFを通じて投資

マザーファンドへの投資を通じ、おもにETF（上場投資信託証券）に投資し、アメリカ金融市場の代表的な株価指数であるS&P500指数に連動する投資成果を目指して運用を行います。原則として為替ヘッジは行いません。

基本情報

運用方針	インデックス型	信託報酬	0.0938%
純資産額	1兆1205億円		
リターン（1年）	+9.23%	リターン（3年）	+23.08%
リターン（5年）	—	リターン（10年）	—

インベスコ・アセット・マネジメント　海外株式

インベスコ 世界厳選株式オープン<為替ヘッジなし>（毎月決算型）（世界のベスト）

基準価額
8,549円

グローバルな視点で割安株をピックアップ

マザーファンドへの投資を通じ、日本を含む世界各国の株式（エマージング国を除く）を主要投資対象とした投資を行います。独自のバリュー・アプローチによりグローバル比較でみた割安銘柄に分散投資し、信託財産の長期的な成長をめざします。

基本情報

運用方針	アクティブ型	信託報酬	1.903%
純資産額	9017億100万円		
リターン（1年）	+22.26%	リターン（3年）	+26.14%
リターン（5年）	+11.03%	リターン（10年）	+8.32%

オススメのETF銘柄

大和アセットマネジメント

国内株式

ダイワ 上場投信-MSCI 日本株女性活躍指数(WIN)

基準価額

264,110円

性別多様性に優れた企業に投資

各業種から女性活動度の高い企業を選ぶ、「MSCI日本株女性活躍指数」との連動を目指すETF。トヨタ自動車、リクルートホールディングス、HOYAなどが上位銘柄として組み込まれています。

使用開始日 2021年10月2日
投資信託説明書（交付目論見書）
ダイワ上場投信－
MSCI日本株女性活躍指数（WIN）
追加型投信／国内／株式／ETF／インデックス型
ご購入に際しては、本書の内容を十分にお読み下さい。
大和アセットマネジメント株式会社
https://www.daiwa-am.co.jp/
0120-106212
みずほ信託銀行株式会社

基本情報

運用方針	インデックス型	信託報酬	0.165%
純資産額	5.75億円		
リターン(1年)	+27.56%	リターン(3年)	+12.65%
リターン(5年)	+6.58%	リターン(10年)	―

三菱UFJアセットマネジメント

国内株式

MAXIS トピックス 上場投信

基準価額

241,045円

TOPIXとの連動を目指して運用

トータルリターン、ばらつき、運営効率などが、10年以上の長期運営時に同カテゴリでも上位のパフォーマンスを誇るファンド。大型株をメインに運営していて、約2割を電機機器銘柄を占めています。

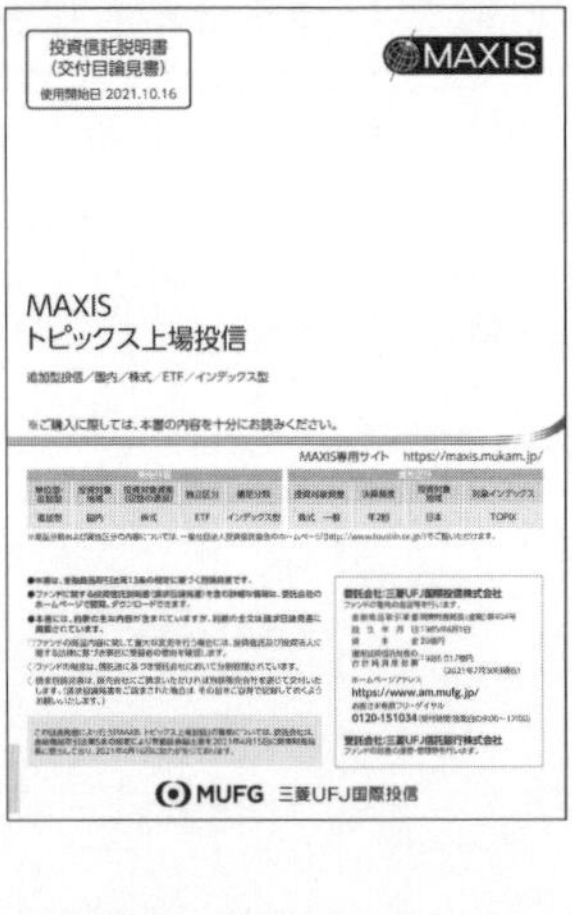
投資信託説明書
（交付目論見書）
使用開始日 2021.10.16
MAXIS
MAXIS
トピックス上場投信
追加型投信／国内／株式／ETF／インデックス型
※ご購入に際しては、本書の内容を十分にお読みください。
MAXIS専用サイト https://maxis.mukam.jp/
https://www.am.mufg.jp/
0120-151034
MUFG 三菱UFJ国際投信

基本情報

運用方針	インデックス型	信託報酬	0.066%
純資産額	30,256億円		
リターン(1年)	+29.66%	リターン(3年)	+15.30%
リターン(5年)	+7.52%	リターン(10年)	+9.19%

野村アセットマネジメント

国内株式

NEXT FUNDS TOPIX Core 30連動型上場投信

基準価額 **116,612円**

2021年秋以降パフォーマンスが向上

東京証券取引所の市場第一部全銘柄のうち、時価総額、流動性の特に高い30銘柄で構成されたTOPIX Core30を指針として運営。効率の高い運営を行っていて、3～5年の運営では、同カテゴリで上位の成果を上げています。

野村アセットマネジメント
NEXT FUNDS
投資信託説明書
(交付目論見書)
使用開始日
2021年9月30日
NEXT FUNDS専用サイト
https://nextfunds.jp/
証券コード：1311
NEXT FUNDS
TOPIX Core 30連動型上場投信
追加型投信／国内／株式／ETF／インデックス型

基本情報

運用方針	インデックス型	信託報酬	0.242%
純資産額	50億円		
リターン(1年)	+35.85%	リターン(3年)	+18.41%
リターン(5年)	+18.41%	リターン(10年)	+8.66%

大和アセットマネジメント

国内株式

ダイワ 上場投信-JPX日経400

基準価額 **18,977円**

日本を代表する株価指数に連動

投資家にとって魅力的な400社「JPX日経インデックス400」との連動を目指すETFです。組み込み銘柄は電気機器を主軸に、化学、銀行、輸送機器などの株をメインに扱っています。組み入れ銘柄は大型株が多いです。

使用開始日 2021年10月2日
投資信託説明書(交付目論見書)
ダイワ上場投信－
MSCI日本株女性活躍指数（WIN）
追加型投信／国内／株式／ETF／インデックス型
ご購入に際しては、本書の内容を十分にお読み下さい。
大和アセットマネジメント
0120-106212

基本情報

運用方針	インデックス型	信託報酬	0.7205%
純資産額	107億円		
リターン(1年)	+29.43%	リターン(3年)	+14.75%
リターン(5年)	+7.29%	リターン(10年)	―

ブラックロック・ジャパン

海外株式

iシェアーズ オートメーション&ロボット ETF

基準価額

4,109円

日本を含む国際系ETF

日本を含めた、オートメーションやロボティクス系企業が構成銘柄の株価指数「STOXX グローバルオートメーション アンド ロボティクス インデックス(TTM、円換算)」との連動を目指すファンドです。

iShares
by BlackRock

iシェアーズ オートメーション & ロボット ETF

投資信託説明書(交付目論見書) 2021年11月10日

ブラックロック・ジャパン株式会社

ご購入に際しては、本書の内容を十分にお読みください。

基本情報

運用方針	インデックス型	信託報酬	0.528%
純資産額	16.5億円		
リターン(1年)	33.34%	リターン(3年)	16.95%
リターン(5年)	―	リターン(10年)	―

三菱UFJアセットマネジメント

海外株式

MAXIS 海外株式(MSCIコクサイ)上場投信

基準価額

434,415円

30年の実績ある指数を採用

MSCI-KOKUSAI指数に連動した成果を目指して運営するグローバル系のファンド。組み入れ資産は7割がアメリカドルで、ユーロ、イギリスポンドなども所有しています。

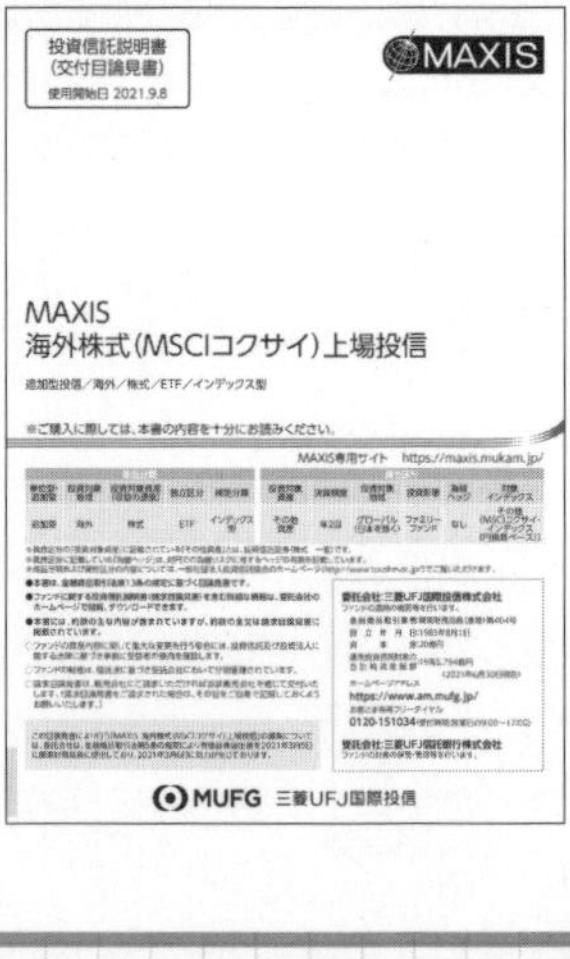
投資信託説明書
(交付目論見書)
使用開始日 2021.9.8

MAXIS

MAXIS
海外株式(MSCIコクサイ)上場投信

※ご購入に際しては、本書の内容を十分にお読みください。

MAXIS専用サイト https://maxis.mukam.jp/

MUFG 三菱UFJ国際投信

基本情報

運用方針	インデックス型	信託報酬	0.165%
純資産額	164.13億円		
リターン(1年)	+24.52%	リターン(3年)	+22.00%
リターン(5年)	+13.72%	リターン(10年)	+13.20%

シンプレクス・アセット・マネジメント

海外株式

Simple-X NY ダウ・ジョーンズ・インデックス上場投信

基準価額

42,559円

対象指標に連動する投資成果を目指す

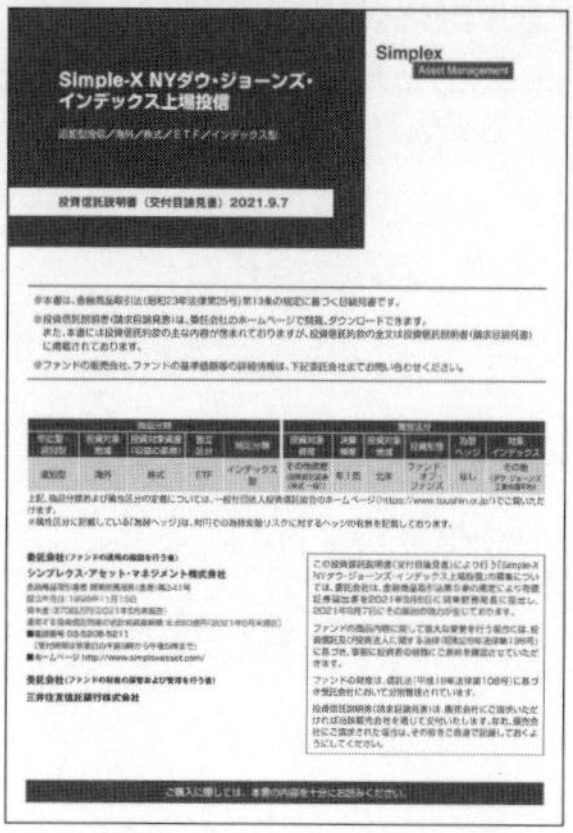
Simplex
Asset Management
Simple-X NYダウ・ジョーンズ・インデックス上場投信
追加型投信／海外／株式／ETF／インデックス型
投資信託説明書（交付目論見書）2021.9.7
ご購入に際しては、本書の内容を十分にお読みください。

ダウ工業株30種平均に連動させた運営を目指す北米ファンド。ファンズ・オブ・ファンド形式で運営されています。コロナ禍の影響を受けていますが、10年間の運用で見ると安定しています。

基本情報

運用方針	インデックス型	信託報酬	0.55%
純資産額	12億円		
リターン(1年)	+19.03%	リターン(3年)	+20.11%
リターン(5年)	+10.81%	リターン(10年)	+12.12%

日興アセットマネジメント

海外株式

上場インデックスファンド米国株式(S&P500)

基準価額

135,464円

短期間の運営に優れている

nikko am
Nikko Asset Management
投資信託説明書（交付目論見書）2021.10.21
上場インデックスファンド
米国株式（S&P500）為替ヘッジあり
上場 S&P500 米国株（為替ヘッジあり）（愛称）
追加型投信／海外／株式／ETF／インデックス型
日興アセットマネジメント

アメリカのS&P 500種指数に連動した成果を目標に運営されているファンド。AppleやMicrosoftといった、大手IT企業などを組入れています。2018年運営開始ですが、非常に効率の高い運営を行っています。

基本情報

運用方針	インデックス型	信託報酬	0.165%
純資産額	374.2億円		
リターン(1年)	+13.53%	リターン(3年)	+7.15%
リターン(5年)	+7.09%	リターン(10年)	―

オススメのJ-REIT銘柄

三菱UFJアセットマネジメント

国内REIT

三菱UFJ Jリートオープン(3ヵ月決算型)

基準価額

3,128円

主要投資対象のJ-REITに分散投資

不動産投資信託証券に分散投資を行い、信託財産の中長期的な成長を目的としています。定性的評価と、定量的評価を経て銘柄選定及びポートフォリオの構築を行っています。組入比率は高位を基本としています。

基本情報

運用方針	アクティブ型	信託報酬	1.1%
純資産額	610億円		
リターン(1年)	-0.58%	リターン(3年)	+16.97%
リターン(5年)	+22.43%	リターン(10年)	+63.59%

アセットマネジメントOne

国内REIT

みずほ J-REITファンド

基準価額

7,669円

みずほ信託銀行提供の情報から銘柄選択

不動産投資信託証券に投資を行い、安定収益の確保と信託財産の中、長期的な成長を目指しています。投資の際には各銘柄の信用リスク、流動性リスク等を勘案して銘柄選択を行います。

基本情報

運用方針	アクティブ型	信託報酬	99.99%
純資産額	332億円		
リターン(1年)	-1.74%	リターン(3年)	+14.28%
リターン(5年)	+18.55%	リターン(10年)	+64.06%

大和アセットマネジメント

国内REIT

ダイワ・アクティブ・Jリート・ファンド(年4回決算型)

基準価額

14,827円

銘柄を個別に徹底調査して投資する

国内の金融商品取引所上場の不動産投資信託の受益証券および不動産投資法人の投資証券を、主要投資対象にしています。また、個別銘柄ごとの配当利回りや成長性、割安さなどを参考に投資銘柄を選定しています。

基本情報

運用方針	アクティブ型	信託報酬	1.045%
純資産額	19億円		
リターン(1年)	-0.91%	リターン(3年)	+20.92%
リターン(5年)	+28.36%	リターン(10年)	+86.25%

三菱UFJアセットマネジメント

国内REIT

eMAXIS Slim 国内リートインデックス

基準価額

9,430円

低コストで運用したいなら…

2019年10月から始まった新興ファンドです。信託報酬率が低く、買付手数料が不要なので、低コストで運営したい人に人気の銘柄です。また、ベンチマークとの乖離も小さく安定しておりオススメです。

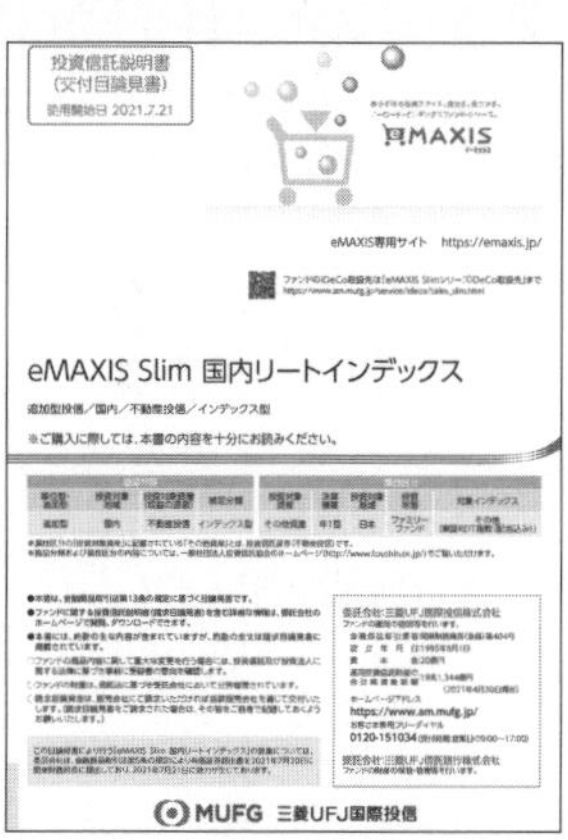

基本情報

運用方針	インデックス型	信託報酬	0.187%
純資産額	149億円		
リターン(1年)	-0.59%	リターン(3年)	+20.22%
リターン(5年)	―	リターン(10年)	―

ニッセイアセットマネジメント

国内REIT

DCニッセイJ-REIT インデックスファンドA

基準価額

13,155円

順調に成長を遂げている

「ニッセイJ-REITインデックスマザーファンド」を通じて、東証REIT指数を構成している不動産投資信託証券に投資し、同指数に連動することを目標に運用されます。各銘柄の投資比率は、東証REIT指数における比率を原則としています。

基本情報

運用方針	インデックス型	信託報酬	0.187%
純資産額	55億円		
リターン(1年)	-0.69%	リターン(3年)	+19.53%
リターン(5年)	+24.98%	リターン(10年)	ー

明治安田アセットマネジメント

国内REIT

明治安田J-REIT戦略ファンド (毎月分配型)

基準価額

6,620円

マザーファンドを通じて投資を行う

　不動産投資信託および日本国債を主要投資対象としています。イールドスプレッド等の変動に応じての組入比率を調整し、Jリートの比率を低下させた際はその分を日本国債に配分し、リスク抑制を図ります。

基本情報

運用方針	アクティブ型	信託報酬	0.99%
純資産額	195億円		
リターン(1年)	-0.12%	リターン(3年)	+18.37%
リターン(5年)	+26.17%	リターン(10年)	+75.62%

日興アセットマネジメント

国内REIT

インデックスファンド Jリート

基準価額

6,171円

リート以外も活用

不動産投資信託証券を主要な投資対象としており、東証REIT指数の動きに連動する投資成果を目指しています。不動産投資信託証券のほか、上場投資信託証券や不動産投資指数先物取引を活用することがあります。

基本情報

運用方針	インデックス型	信託報酬	0.71%
純資産額	281億円		
リターン(1年)	-1.13%	リターン(3年)	+18.33%
リターン(5年)	+22.85%	リターン(10年)	+68.02%

三菱UFJアセットマネジメント

国内REIT

SMT J−REIT インデックス・オープン

基準価額

19,418円

東証REIT指数に連動する投資成果を目指す

不動産投資信託証券に投資し、東証REIT指数に連動する投資成果を目指しています。不動産投資信託証券の組入比率は、原則として高位を維持しています。信託報酬率は低めで、保管費用、売買手数料がかかりません。

基本情報

運用方針	インデックス型	信託報酬	0.44%
純資産額	351億円		
リターン(1年)	-0.88%	リターン(3年)	+19.35%
リターン(5年)	+24.52%	リターン(10年)	+72.74%

Column

投資に役立つ情報収集に オススメのサイト

ここでは制度のしくみや銘柄のデータ、金融ニュースをチェックできる、投資初心者が見るべきオススメのサイトを紹介します。

日本経済新聞

投資家が押さえておくべきニュースやコラムが充実している。株価チャートが見やすいのもポイントです。

https://www.nikkei.com/

みんかぶ

日本で最も多くの投資家が意見を交換し合う場所。初心者からベテランまで、数多くの投資家が利用しています。

https://minkabu.jp/

金融庁・NISA特設ウェブサイト

NISAのルールはもちろん、用語集や資産運用シミュレーションなど、実用性の高いコンテンツが充実しています。

https://www.fsa.go.jp/policy/nisa2/index.html

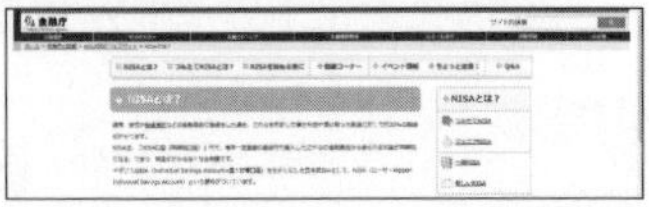

株探

投資対象となる有望銘柄をスピーディーに発掘できるサイト。株価や決算など、有益な企業情報が満載！

https://kabutan.jp/

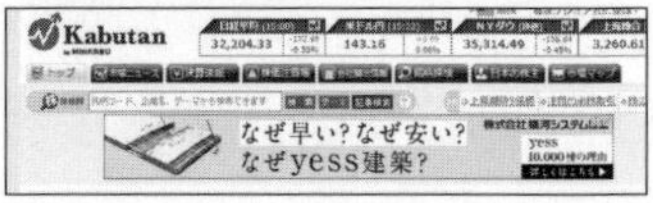

バフェットコード

企業分析を簡単に行うための個人投資家向けのツール。多様な情報ソースが手に入ります。

https://www.buffett-code.com/

Yahoo!ファイナンス

株式や投資信託など、金融商品の個別の情報を知ることができますが、掲示板の投稿内容に振り回されないようにしましょう。

https://finance.yahoo.co.jp/

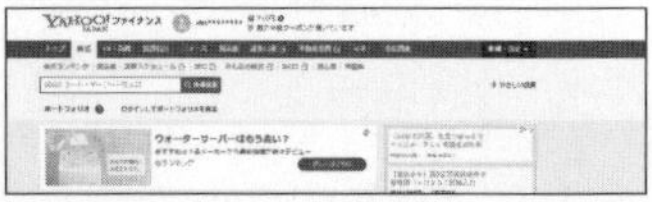

3章

株主優待を狙って運用する

株を購入した際に株主が得られる特典のひとつ「株主優待」。投資初心者にもオススメのその制度内容の基本について学んでいきましょう。

Lesson 01

投資初心者にもオススメ！

株主優待の基本

お得な株主優待の基本をチェック

さまざまな優待品がもらえるということで、個人投資家からの人気を集めている優待投資。ここでは、投資未経験者にもオススメの株主優待を紹介していきます。

株主優待は、株主優待銘柄へ投資を行うと、通常の配当に加え、優待品を無料でもらうことができる制度のこと。この制度は任意ですが、実施する企業は年々増えており、この10年間で約1・5倍以上になりました。

もらえる優待品は、金券や食料品など企業によってさまざま。実施企業の増加とともに優待品の種類も豊富になってきており、最近では他では手に入らない株主限定商品が提供されることもあります。また、長期保有したり、家族で分けて持つことでよりお得になる銘柄もあります。

権利付最終日と権利落ち日

株主優待をもらうためには、もらう権利を得ることのできる日に株式を保有していなければなりません。この、株式を保有していなければならない日を「権利付き最終日」といいます。株を購入してから権利付き最終日の取引終了日まで保有し、次の営業日を迎えることで、優待品を受け取ることができるのです。権利付き最終日は銘柄ごとに異なるので、しっかりと確認しておきましょう。

株主優待とはどんな制度？

長期保有でお得になる!?

株を一定期間売らずに保有するだけで、自動的に優待内容がグレードアップする銘柄も増えています。ほったらかしにしておくだけで得になるので、頻繁に売買する予定のない初心者には最適な制度といえるでしょう。

個人事業主に優しい制度

ほとんどの企業では、1単元である100株から優待品をもらうことができ、予算に限りのある個人株主にも優しい制度となっています。また、多く持っていると優待品が増える銘柄もありますが、1単元でもらうのが最も利回りが高くなっています。

●1年以上保有すると…

1年未満保有　　**1年以上保有**

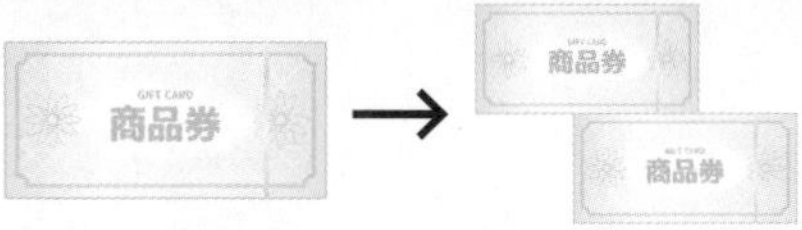

持っているだけで自動的にグレードアップする銘柄もあり、お得なものがよりお得になります。

●同じ100株でも…

証券取引所

証券取引所

同じ100株でも、もらえる優待品は食料品から日用品までさまざまです。

株主優待で押さえておきたいポイント

権利確定日の2日前までに買う

株主優待は、「権利確定日」に株主でないと受け取ることができません。また、受け渡されるまでに2営業日かかるため、「権利付き最終日」までに保有しておかなければなりません。

26(日)	27(月)	28(火)	29(水)	30(木)	31(金)	1(土)
休			権利付き最終日（2営業日前）	権利落ち日（1営業日前）	権利確定日	休

業績をチェックしよう

さまざまな魅力的な優待がありますが、優待内容だけで選ぶのはNGです。株を買う前には、その企業の業績もしっかりと確認しましょう。業績の悪化を理由に優待を廃止するケースもあるので、業績チェックは必須です。

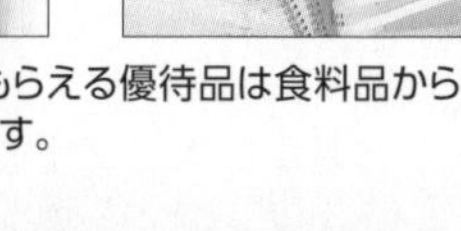

Lesson 02

優良優待かどうかを確認するための指標

配当利回りと優待利回りのしくみ

優良優待かどうか見極めよう！

優待で同じ金額の商品券がもらえる場合、より安く、より配当の高い株を買った方がお得になります。投資のリターンとして得られる配当金が株価の何%になるかを示したのを「配当利回り」、優待相当額が投資額の何%にあたるかを示したものを「優待利回り」、そしてこれらの数値を合計したものを「総合利回り」といいます。

配当利回りと優待利回りの合計（総合利回り）が、4～5%になると、優良優待であるとされています。初心者は、これを目安に銘柄を探すとよいでしょう。また、投資を行ううえでは、配当利回りだけでなく「総合利回り」にも注目しておきましょう。

優待品を選ぶ際のポイントとは

優待の相当額が高くても、使える店舗が限られる商品券、子ども向けのおもちゃ、女性向けのコスメグッズなど、万人向けではない優待品も存在します。その場合、いくら総合利回りの数値が高くても、お得とはいえません。株主優待初心者は、自分が利用するものかどうかを基準に、もらえる優待品を選択するとよいでしょう。

お米や洗剤など、毎日の生活で必要となるさまざまなものもありますが、特に欲しいものがない場合は、全国どこでも使用できるクオカードがオススメです。

配当利回り、優待利回りとは？

優良優待か確認しよう！

配当利回り ＋ **優待利回り**

配当利回り

1株あたりの配当を株価で割った数値で、株価に対する配当金の割合を示したもの。

優待利回り

1株あたりの優待品の相当額の合計を投資金額で割った数値。配当利回りより高いものも多い。

配当利回り

$$\frac{\text{1株あたりの配当金}}{\text{購入時の株価}} \times 100$$

年間配当（中間配当＋期末配当）。

優待利回り

$$\frac{\text{優待品の価値}}{\text{その銘柄への投資額}} \times 100$$

1年に2回実施の場合は計算結果の2倍となる。

2つの利回りを合計してお得度をチェック！

配当利回り	＋	優待利回り	＝	総合利回り
1.5%	＋	3.5%	＝	5.0%

優良優待

配当利回りと優待利回りの合計が5%を超えていると、優良優待といえる。

MEMO 利回りが高くなっている場合は必ずチャートを確認！

株価が下落すると配当利回りは上昇します。そのため、利回りが高くなっているものは、必ずチャートを確認して、直前に急落していないかチェックしましょう。短期的に大きく下がっている場合は投資を見送った方が賢明です。業績悪化や企業の不正発覚などで、株価が下落した場合なども、投資を諦めた方がよいです。また、数カ月以内に株価が急落した場合は、原因が判断できなくても購入は慎重になりましょう。

有良優待の判断材料となる総合利回りの計算方法を覚えておきましょう！

Lesson 03

●家族みんなで保有することで…

株主優待がもっとお得になる!?

家族に協力してもらおう

配当額は保有株数に比例して増加していきますが、優待に関しては、最低単元で所持しているのが一番利回りが高くなることがほとんど。そのため、家族で１人１単元ずつ持っていた方がよりお得になる場合もあります。

なお、同じ人が証券会社を分けて株を買うこともできますが、その証券は「証券保管振替機構」で一括管理されているため、１人で複数の株を保有していても合算されてしまいます。そのため、１人で複数の証券口座を作って最低単元ずつ購入する、という方法は無意味ですので、家族に協力してもらって買うというのが効率的です。

未成年者でも口座開設が可能

ＳＢＩ証券、楽天証券などでは、親権者がすでに口座開設をしていれば、０歳からでも未成年口座を作ることが可能です。未成年口座で親権者が取引をしても、子どもの財産は親が管理しているため借名取引（家族の名義を借りて、その人になりすまして取引を行う違法行為）にはあたらないので、安心してお得に株主優待をもらうことができます。

なお、子どもの口座を開設する際には、親権者の同意書や本人確認書類、子どもと親権者の続柄が記載されている住民票などの書類が必要となるので、確認しておきましょう。

家族に協力してもらおう！

家族で1人1単元ずつ買うとお得になる!?

家族4人が100株ずつ保有

4人家族の場合、全員で100株ずつ保有すれば、ぞれぞれに株主配当が与えられ、この場合は、Quoカードを合計4枚もらえます。

ひとりで400株を保有

ひとりで400株を保有しても、100株と同等の株主優待しかもらうことができません。

MEMO 情報収集をすることが大切！

新設された優待は、投資家からの注目が集まり株価が上昇することがあります。飲食チェーンを経営する企業は優待を新設することが多いため、情報収集をしながら、新たに優待を始めそうな銘柄を先回りして買っておくという手もあります。

また、優待の新設・変更があると株価に影響するので、優待品自体を狙っていない人も覚えておきましょう。

優待株の新設・変更などの情報収集の際に便利なのが「TDnet 適時開示情報閲覧サービス」というサイトです。新設された銘柄の他、内容改正や廃止の情報まで掲載されているので、こまめにチェックするようにしましょう。

TDnet
https://www.release.tdnet.info/inbs/I_main_00.html

Lesson 04

使い切れない優待は売却しよう

● 余ってしまった優待券は有効活用できる！

¥ 使い切れない分は売却する方法も！

もらった優待券が使い切れない場合は、金券ショップや優待買取サイトなどで売却するのがオススメです。

ここでは、「アクセスチケット」、「ヤフオク！」、「チケットオンライン」で売った場合の価格を比較しました。また、それぞれで売却する際のメリットやデメリットについても、上の表で確認してみましょう。売却時の金額はもちろんですが、自分に合った方法で売却することも大切なポイントです。

また、株主優待制度を取り入れている多くの飲食チェーンでは、優待券と優待券以外の割引クーポンの併用が不可となっています。しかし、すかいらーく、コロワイド、物語コーポレーションなど一部の企業では、割引券との併用が可能です。

さらにコロワイドでは、優待券を店舗で使用せずに、株主専用サイトから商品と交換することもできるのでチェックしてみましょう。

なお、近年、手軽に利用できることから人気を集めているメルカリやラクマといったフリマアプリでは、金券や株主優待券など、金銭と同等に扱われるもの全般の出品を禁止をしています。アプリの運営側からルール違反とみなされた場合には、出品したものが削除されるだけでなく、利用停止のペナルティを課されてしまう場合もあるので注意しましょう。

もらった優待券を有効活用しよう！

優待券が使い切れない場合は金券ショップなどで売却！

▶どの買取サイトで売却すればいいのか？

状況	アクセスチケット	ヤフオク!	チケットオンライン
メリット	オンラインだけでなく店頭買取も可能	・期限の近い優待や需要の少ない優待券を売ることができる ・価格を自分で決められる	メールのやり取りのみで売却可能
デメリット	オンライン買取と店頭買取の価格が異なる場合がある	・手数料や出品の手間がかかる ・商品券や金券はNG ・買う人がいないと売れない場合もある	手数料や発送の手間がかかる
すかいらーく食事券カードタイプ（2,000円分）	1,820円 ※封筒を開封していない状態の商品のみ買取可	1円～	1,880円
東京ディズニーリゾート1デーパスポート	9,000円	1円～	9,400円

※2023年11月2日現在。

すかいらーく、コロワイド、物語コーポレーションは併用可能！

MEMO 優待割引券の併用可能店舗をチェック

- **すかいらーく**
ガスト、バーミヤン、ジョナサンなど
- **コロワイド**
かっぱ寿司、甘太郎、3・6・5酒場など
- **物語コーポレーション**
焼肉きんぐ、丸源ラーメン、お好み焼本舗など

・ぐるなびやhotpepperクーポンとの併用も可能
・1会計での優待券の使用枚数制限なし
・お釣りは出ないので要注意

オススメの株主優待

注目株式 1

東証プライム-9630

エイチ・アイ・エス

優待対象最低投資額 **167,200円**

株価	1,672円	PBR	2.81倍
PER	―	ROE	-21.69%
利回り	総合:― 予想配当:― 優待:3.63%	権利確定日	4月末、 10月末

おもな優待内容

◎100株以上	2,000円相当の自社旅行商品に使える優待割引券(年2回)
	500円相当のラグーナテンボス優待入場割引券(年2回、1枚で最大5名まで利用可能)
◎500株以上	4,000円相当の自社旅行商品に使える優待割引券(年2回)
◎1,000株以上	6,000円相当の自社旅行商品に使える優待割引券(年2回)

格安航空券販売最大手の優待品

エイチ・アイ・エス、クオリタ、クルーズプラネットなどで利用できる優待券や、人気テーマパークのラグーナテンボスの入場割引券が年2回配られます。

注目株式 2

東証プライム-3539

JMホールディングス

優待対象最低投資額 **202,200円**

株価	2,022円	PBR	1.38倍
PER	12.21倍	ROE	11.82%
利回り	総合:― 予想配当:1.97% 優待:―	権利確定日	7月末

おもな優待内容

◎100株以上	2,500円相当の精肉関連商品
◎500株以上	3,500円相当の精肉関連商品
◎1,000株以上	5,000円相当の精肉関連商品
◎2,000株以上	10,000円相当の精肉関連商品

ボリューム満点の精肉の詰め合わせ!

「ジャパンミート」「肉のハナマサ」などを展開するJMホールディングスの優待では、国産鶏ムネ肉をはじめ、さまざまな精肉の詰め合わせを受け取ることができます。

注目株式 3

東証プライム-8282

ケーズホールディングス

優待対象最低投資額
139,050円

株価	1,390円	PBR	0.99倍
PER	12.62倍	ROE	7.60%
利回り	総合:4.6% 予想配当:3.16% 優待:1.44%	権利確定日	3月末、 9月末

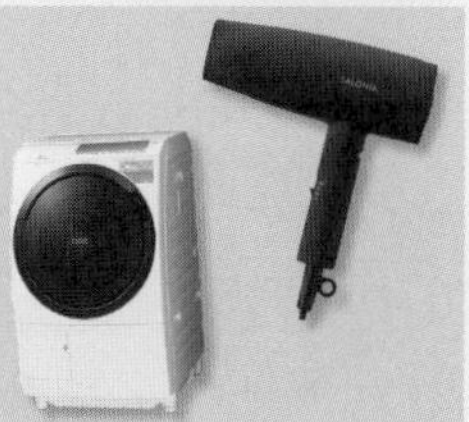

おもな優待内容

◎100株以上	1,000円相当のケーズデンキグループの店舗で使える優待買物割引券(株の保有が1年以上で2,000円相当)
◎500株以上	3,000円相当のケーズデンキグループの店舗で使える優待買物割引券(株の保有が1年以上で4,000円相当)
◎1,000株以上	5,000円相当のケーズデンキグループの店舗で使える優待買物割引券(株の保有が1年以上で7,000円相当)

ケーズデンキの買い物割引券をGET

優待でもらえる買物割引券は、1,000円以上の買い物で利用することができる。ケーズデンキが近所にある人は要チェック。お釣りは出ないので注意しましょう。

注目株式 4

東証プライム-4668

明光ネットワークジャパン

優待対象最低投資額
69,900円

株価	699円	PBR	1.73倍
PER	21.72倍	ROE	7.42%
利回り	総合:5.56% 予想配当:4.86% 優待:0.7%	権利確定日	8月末

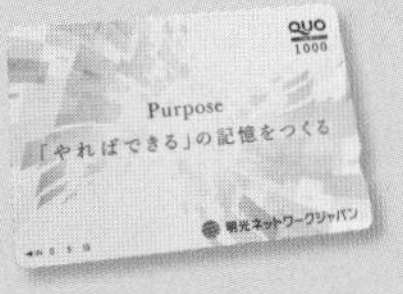

おもな優待内容

◎100株以上	500円相当のQUOカード(株の保有が3年以上で1,500円相当)
◎500株以上	1,000円相当のQUOカード(株の保有が3年以上で2,000円相当)
◎1,000株以上	1,500円相当のQUOカード(株の保有が3年以上で2,500円相当)

株式の長期保有でよりお得に!

個別指導塾「明光義塾」を運営している明光ネットワークジャパン。100株から500円のQUOカードを受け取ることができ、長期保有でグレードアップします。

注目株式 5

東証プライム-8387

四国銀行

優待対象最低投資額

105,600円

株価	1,056円	PBR	0.30倍
PER	7.92倍	ROE	3.65%
利回り	総合:ー 予想配当:3.31% 優待:ー	権利確定日	3月末

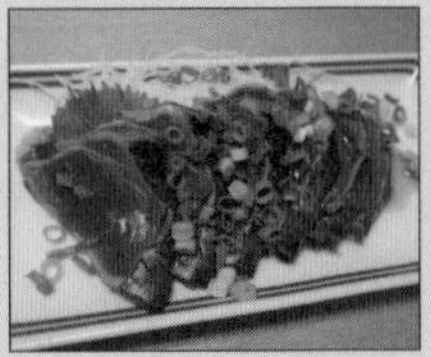

おもな優待内容

◎100株以上	500円相当のQUOカード(株の保有が1年以上が条件)
◎500株以上	1,500円相当のQUOカード(株の保有が1年以上が条件)
◎1,000株以上	3,000円相当の地元特産品のカタログギフト(株の保有が1年以上が条件)

地元の特産品ももらえる

四国銀行は、高知県高知市に本店を置く地方銀行です。優待で受け取れるのは、QUOカードと、地元高知県の特産品が選べるカタログギフト。

注目株式 6

東証プライム-3159

丸善CHIホールディングス

優待対象最低投資額

32,900円

株価	329円	PBR	0.67倍
PER	17.17倍	ROE	4.05%
利回り	総合:2.14% 予想配当:0.60% 優待:1.54%	権利確定日	7月末

おもな優待内容

◎100株以上	500円相当の商品券
◎200株以上	1,000円相当の商品券
◎500株以上	2,000円相当の商品券
◎2,000株以上	3,000円相当の商品券

本好きにはたまらない優待

「丸善」や「ジュンク堂」など、大型書店を全国に展開してる丸善CHIホールディングス。優待で受け取れる商品券は、グループ店舗で使用することができます。

注目株式 7 東証プライム-3244 サムティ

優待対象最低投資額 **486,200円**

株価	2,431円	PBR	1.14倍
PER	10.40倍	ROE	11.26%
利回り	総合:ー 予想配当:3.70% 優待:ー	権利確定日	11月末

おもな優待内容

◎200株以上	宿泊無料優待チケット1枚
◎300株以上	宿泊無料優待チケット2枚
◎600株以上	宿泊無料優待チケット3枚
◎1,000株以上	宿泊無料優待チケット4枚

グループ施設に無料で宿泊できる!

投資家向けマンションの企画開発を行っているサムティ。優待では、「センターホテル東京」のほか、グループ施設で使える優待宿泊無料電子チケットをもらえます。

注目株式 8 東証プライム-9713 ロイヤルホテル

優待対象最低投資額 **103,000円**

株価	1,030円	PBR	0.83倍
PER	0.82倍	ROE	76.02%
利回り	総合:ー 予想配当:ー 優待:ー	権利確定日	3月末、 9月末

おもな優待内容

◎100株以上	優待宿泊割引券(15%割引)×10枚 優待飲食割引券(20%割引)×6枚 優待婚礼割引券(8%割引)×2枚
◎200株以上	優待宿泊割引券(15%割引)×40枚 優待飲食割引券(20%割引)×24枚 優待婚礼割引券(8%割引)×8枚

高級ホテルがお得に利用できる

大阪にある一流高級ホテル・リーガロイヤルホテルをはじめ、全国にホテルグループを展開しています。優待で受け取れる割引券を使用すれば、格安で利用可能。

注目株式 9

東証プライム-2593
伊藤園

優待対象最低投資額
478,000円

株価	4,780円	PBR	2.49倍
PER	46.04倍	ROE	7.76%
利回り	総合:1.18% 予想配当:0.87% 優待:0.31%	権利確定日	4月末

おもな優待内容

◎100株以上	自社製品の詰め合わせ1,500円相当+ 通信販売製品を通常価格より30%割引
◎1,000株以上	自社製品の詰め合わせ3,000円相当+ 通信販売製品を通常価格より50%割引

健康にいい飲料品が受け取れる

「お～いお茶」などで知られる飲料品メーカー・伊藤園。優待では、自社製品の詰め合わせだけでなく、通販利用時に30 ～ 50%割引になる特典も付いてきます。

注目株式 10

東証プライム-2502
アサヒグループホールディングス

優待対象最低投資額
537,000円

株価	5,370円	PBR	1.32倍
PER	17.95倍	ROE	7.94%
利回り	総合:2.22% 予想配当:2.14% 優待:0.18%	権利確定日	12月末

おもな優待内容

◎100株以上	以下から1点選択 ・株主限定プレミアムビール(1,000円相当) ・酒類商品詰め合わせ(1,000円相当) ・清涼飲料水／食品詰め合わせ(1,000円相当) ・環境保全活動への寄附 ・災害支援活動への寄附

株主しか飲めない特別なビールがある

ビール類では国内トップシェアを誇っているアサヒグループホールディングス。優待は、自社製品の詰め合わせのほか、特別なビールを選択できます。

注目株式 11

東証プライム-2288

丸大食品

優待対象最低投資額 **330,800円**

株価	1,654円	PBR	0.64倍
PER	―	ROE	-6.97%
利回り	総合:2.12% 予想配当:1.20% 優待:0.92%	権利確定日	9月末

おもな優待内容

◎200株以上	3,000円相当の自社商品

高級感あふれるロースハム

　ハムやベーコンといった食肉加工品を製造・販売している大丸食品。2022年の優待品は、モンドセレクション最高金賞を受賞した「煌彩特撰ロースハム 540g」。

注目株式 12

東証プライム-1332

ニッスイ

優待対象最低投資額 **358,000円**

株価	716円	PBR	1.03倍
PER	10.49倍	ROE	10.44%
利回り	総合:3.63% 予想配当:2.79% 優待:0.84%	権利確定日	3月末

おもな優待内容

◎500株以上	3,000円相当の自社製品
◎1,000株以上	5,000円相当の自社製品

日本の大手水産・食品会社

　水産事業だけでなく、冷凍食品の開発にも力を入れているニッスイ。優待では、3,000～5,000円相当の自社製品を受け取ることができます。

注目株式
13 東証プライム-2209 井村屋グループ

優待対象最低投資額 **231,800円**

株価	2,318円	PBR	1.62倍
PER	18.82倍	ROE	8.95%
利回り	総合:1.63% 予想配当:1.20% 優待:0.43%	権利確定日	3月末、 9月末

おもな優待内容

◎100株以上	500円相当の井村屋商品オリジナルギフト(年2回)
◎500株以上	1,500円相当の井村屋商品オリジナルギフト(年2回)
◎1,500株以上	1,500円相当の井村屋商品オリジナルギフトと、1,500円相当セレクトギフト(年2回)

小豆好きは要チェックの優待

「あずきバー」でおなじみの井村屋グループの優待では、500～3,000円相当の自社製品を年2回受け取ることができます。小豆好きは必見です!

注目株式
14 東証プライム-2269 明治ホールディングス

優待対象最低投資額 **371,200円**

株価	3,712円	PBR	1.53倍
PER	15.00倍	ROE	10.02%
利回り	総合:2.95% 予想配当:2.55% 優待:0.40%	権利確定日	3月末

おもな優待内容

◎100株以上	1,500円相当の自社グループ製品の詰め合わせ
◎500株以上	2,500円相当の自社グループ製品の詰め合わせ
◎1,000株以上	5,500円相当の自社グループ製品の詰め合わせ

創業100年以上の老舗企業

創業100年以上の歴史を持つ大企業・明治ホールディングス。優待では、「明治チョコレート」や「銀座カリー」などの人気商品の詰め合わせを受け取ることができます。

注目株式 15

東証プライム-3193 鳥貴族ホールディングス

優待対象最低投資額
294,500円

株価	2,945円	PBR	4.96倍
PER	55.37倍	ROE	9.31%
利回り	総合:1.01% 予想配当:0.33% 優待:0.68%	権利確定日	1月末、 7月末

おもな優待内容

◎100株以上	1,000円相当の「鳥貴族」のほか、グループ店舗で使える優待食事割引券（年2回）
◎300株以上	3,000円相当の「鳥貴族」のほか、グループ店舗で使える優待食事割引券（年2回）
◎500株以上	5,000円相当の「鳥貴族」のほか、グループ店舗で使える優待食事割引券（年2回）

お手軽価格で本格焼き鳥を楽しめる

気軽に楽しめる焼き鳥居酒屋として人気の焼鳥屋「鳥貴族」を運営している鳥貴族ホールディングス。優待では、グループ店舗で使用可能な割引券が受け取れます。

注目株式 16

東証プライム-3395 サンマルクホールディングス

優待対象最低投資額
189,500円

株価	1,895円	PBR	1.42倍
PER	94.04倍	ROE	1.35%
利回り	総合:ー 予想配当:2.63% 優待:ー	権利確定日	3月末

おもな優待内容

◎100株以上	サンマルクグループの店舗で使える優待食事割引カード（10〜20%割引）×1枚

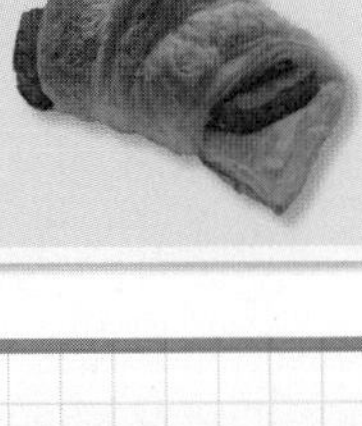

期限内なら何度でも利用可能

「サンマルクカフェ」をはじめ、さまざまな飲食店を展開しているサンマルクホールディングス。優待でもらえる食事割引券は、有効期限内であれば何度でも利用可能！

注目株式 17

東証プライム-4951

エステー

優待対象最低投資額 **151,200円**

株価	1,512円	PBR	1.07倍
PER	18.38倍	ROE	5.74%
利回り	総合:3.43% 予想配当:2.77% 優待:0.66%	権利確定日	3月末、 9月末

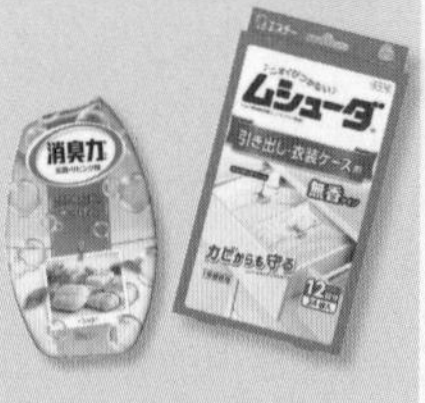

おもな優待内容

◎100株以上	1,000円相当の自社製品の詰め合わせ（3月のみ）
◎1,000株以上	3,000円相当の自社製品の詰め合わせ（年2回、年間6,000円相当）

消臭剤やお掃除アイテムがもらえる

消臭芳香剤や防虫剤などを製造・販売しているエステー。優待では、消臭剤やクリーナー、ゴム手袋など、家事に役立つアイテムの詰め合わせをもらえます。

注目株式 18

東証スタンダード-2702

日本マクドナルドホールディングス

優待対象最低投資額 **581,000円**

株価	5,810円	PBR	3.73倍
PER	38.74倍	ROE	9.94%
利回り	総合:— 予想配当:0.67% 優待:—	権利確定日	6月末、 12月末

おもな優待内容

◎100株以上	優待食事券1冊（年間2冊）
◎300株以上	優待食事券3冊（年間6冊）
◎500株以上	優待食事券5冊（年間10冊）

いわずと知れたチェーン店

世界中で愛されるハンバーガーチェーン店。優待食事券は、バーガー類、サイドメニュー、ドリンクの商品の引換券が1冊につき6枚セットになっています。

4章

iDeCoの基本としくみ

老後に不安を覚える人が自分で年金を積み立てる
「個人型確定拠出年金（iDeCo）」の
基本としくみについて優しく解説します。

Lesson 01

● 老後の準備ができる制度

ｉＤｅＣｏってどんなもの？

不安な老後を安定させる

　ｉＤｅＣｏとは、個人で掛金を積み立てて運用したのち、60歳以降に年金として受け取る私的年金制度です。日本の公的年金は、国民年金と厚生年金で構成される２階建てですが、社会情勢の変化で、これのみだと老後の生活に不安を感じる人が多くなりました。そこでｉＤｅＣｏのような個人が拠出を行う年金が注目を浴びています。国民年金や厚生年金に上乗せして受け取れるため、老後の生活をさらに安定したものにできます。

　ｉＤｅＣｏは、個人が将来にそなえて老後の資金を作りやすいよう、国が用意した制度ですので、さまざまな税制優遇措置が取られています。積み立て時、運用時、受け取り時の３つのタイミングで税制優遇を受けることができるので、節税効果が大きいです。自身で年金を作っていかなければならない時代に対応するためにも、ｉＤｅＣｏをよく理解して上手に活用しましょう。

　このように、ｉＤｅＣｏはお得な制度ですが、デメリットがないわけではありません。一度、積み立てを始めてしまうと、原則60歳になるまで引き出すことができないので注意してください。現在の生活がままならなくっては本末転倒なので、このデメリットを頭に入れたうえ、無理のない積み立て金額を決めるようにしましょう。

iDeCoを理解しよう

iDeCoの3つの特徴とは？

特徴 1

2022年5月より、加入可能年齢が60歳未満から延長されて、65歳になるまで加入することができるようになりました。

特徴 2

iDeCoは積み立てを始めると60歳になるまで引き出せません。家計をよく考えて、無理のない積み立て金額を決めるようにしましょう。

特徴 3

積み立て時、運用時、受け取り時の3つのタイミングで税制優遇を受けることができます。この節税効果がiDeCo加入最大のメリットといえます。

▶iDeCoは国民年金や厚生年金に上乗せ

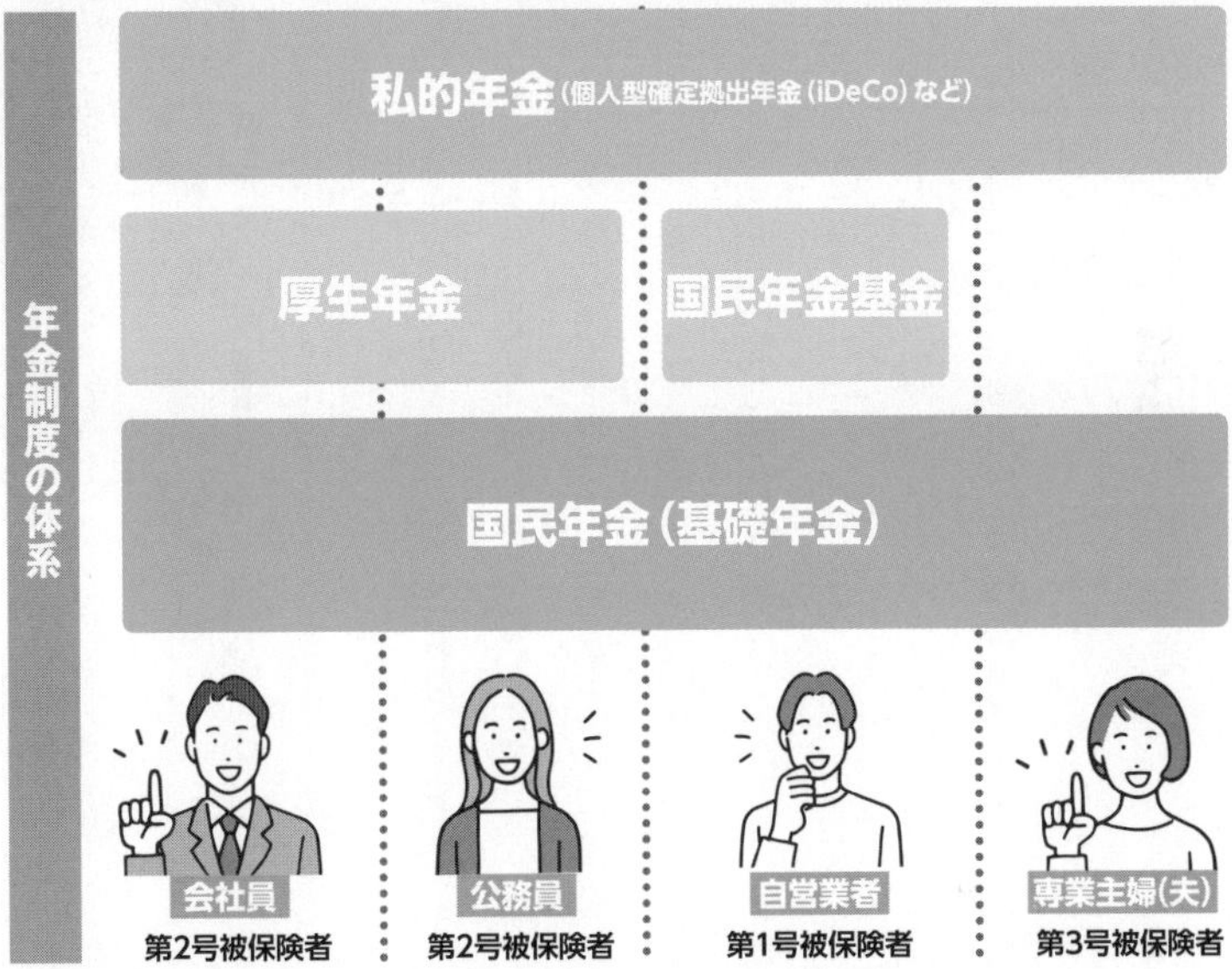

国民年金や厚生年金だけでは生活費が不足する恐れがあるため、自分で備える必要があるのです。

ワンポイントアドバイス

iDeCoは投資期間が長ければ長いほどお得になるので、老後に不安な人は早いうちから加入を検討しましょう。

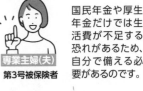

Lesson

02

気軽に始められて税金も安くなる!

ｉＤｅＣｏのメリット

¥ 大きな税制優遇を受けられる

１３８ページでも紹介したように、ｉＤｅＣｏを利用する最大のメリットは、積立、運用、受取という３つのタイミングで、税制優遇を受けられることです。私たちが毎年納める所得税と住民税は、年収から各種控除を引いた課税所得に税率をかけて計算されます。しかし、ｉＤｅＣｏで積立てた掛金は、全額が「小規模企業共済等掛金控除」の対象となり、課税所得が減り、所得税や住民税の節税につながります。

ｉＤｅＣｏでの節税に関するメリットは他にもあります。通常の投資信託などの資産運用では、利益に対して約20%の税金が課せられます。一方、ｉＤｅＣｏの運用によって発生した利益にはいっさい税金がかからないのです。また、ｉＤｅＣｏは一時金などの受取時にも税金控除が適用されます。一括で受け取る一時金は「退職所得控除」、分割で受け取る年金は「公的年金等控除」の対象です。

ちなみに、ｉＤｅＣｏは毎月５０００円という少額の掛金から始められますが、もっと大きな額で運用したいという人は、上限の範囲内で掛金の額を年に一度変更できます。なお、掛金の上限は加入者の公的年金加入区分によって異なるので注意しましょう。

ｉＤｅＣｏに加入する際は、これらのメリットを理解したうえで始めてください。

新NISA制度の特徴とは

所得から掛金額が全額控除される

iDeCoで積み立てた掛金は、全額が所得控除（小規模企業共済等掛金控除）の対象となるため課税対象が減り、結果的に所得税と住民税が軽減されます。以下は、年収600万円、iDeCoで毎月12,000円積み立てた例です。

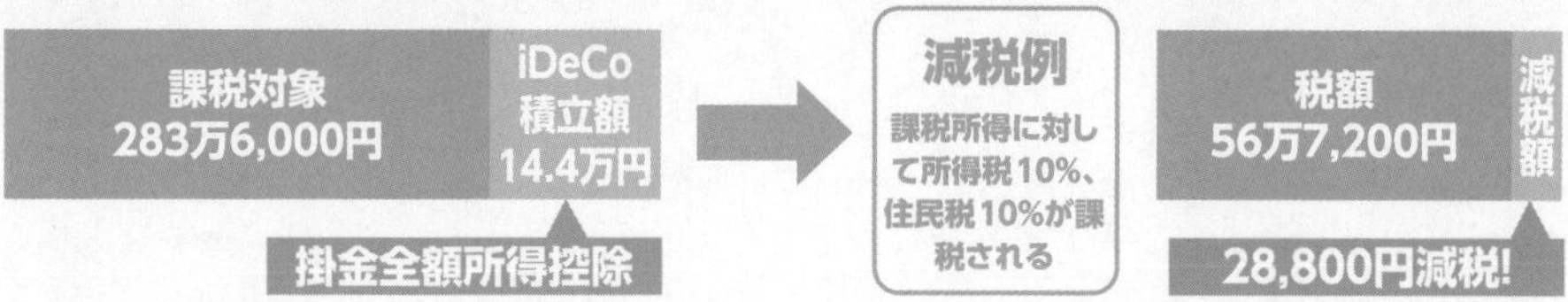

運用益にもいっさい税金がかからない

一般的な投資信託や預金で運用し、利息や運用益が出た場合には、通常であればそこから20.315%の税金が差し引かれます。一方で、iDeCoで運用した場合は同様に投資信託などで利益や運用益が出たとしても税金がかかりません。

▶通常の投資信託

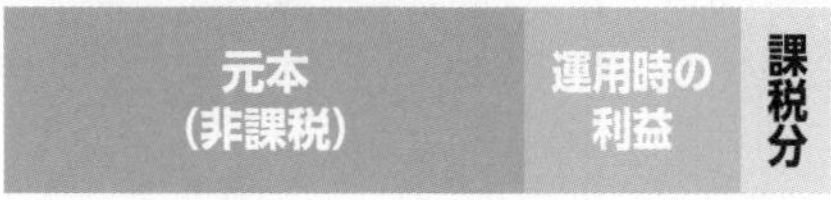

▶iDeCoの運用

運用益にもいっさい税金がかからない

iDeCoの掛金、運用益は全額非課税ですが、一括で受け取る一時金は「退職所得控除」、分割で受け取る年金は「公的年金等控除」の対象となるため、受け取り時にも税金控除が適用されます。

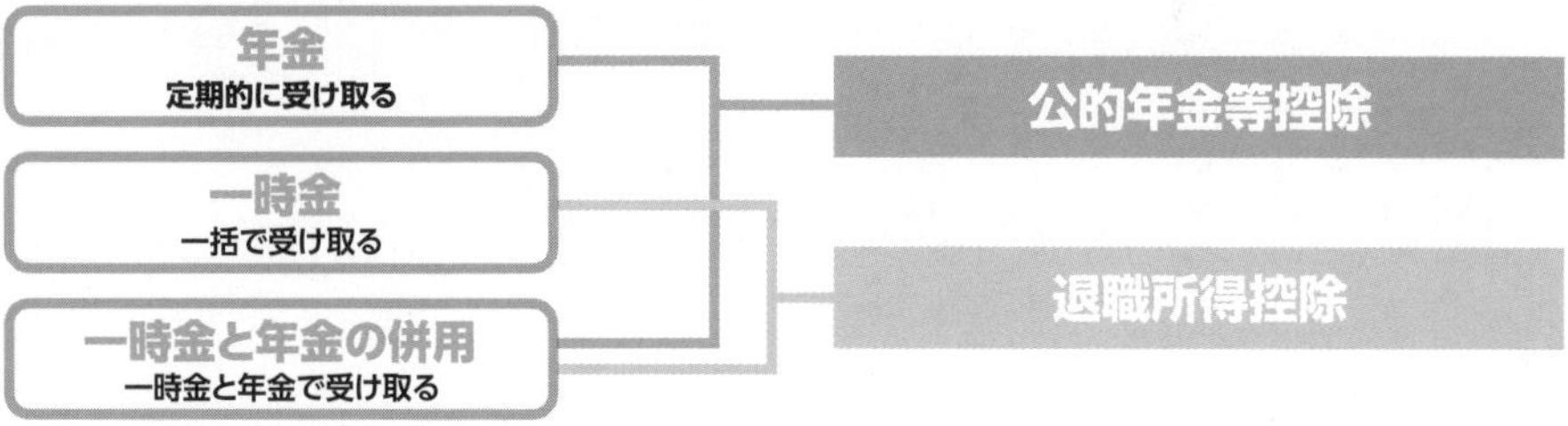

Lesson
03

節税効果が業種により異なる

ｉＤｅＣｏの掛金上限とは？

加入前に自分の上限額を確認

ｉＤｅＣｏは、掛金の上限金額が加入者職業や条件によって変わります。加入前に、自分の条件を必ず確認しておきましょう。

自営業者やフリーランス、学生などの「第１号被保険者」の場合、掛金は最も高額で、月額６万８０００円までとなります。一方、専業主婦（夫）などの「第３号被保険者」は月額２万３０００円が上限となります。

注意しなければならないのが公務員や会社員など「第２号被保険者」で、勤めている会社に企業年金がない会社員は月額２万３０００円、企業型確定拠出年金（企業型ＤＣ）に加入している会社員は月額２万円、確定給付年金（ＤＢ）のみに加入している会社員、ＤＢと企業型ＤＣに加入している会社員、公務員は上限が月額１万２０００円です。勤務先の制度を調べておくようにしましょう。

また、ｉＤｅＣｏで積み立てた掛金は、全額が「小規模企業共済等掛金控除」の対象となり、所得税や住民税を節税できます。年収や掛金によって異なりますが、課税所得が多い人ほどｉＤｅＣｏの所得控除のメリットを享受できるわけです。たとえば、課税所得が年収３００万円のＡさんと年収１０００万円のＢさんでは、どちらも掛金が月額２万３０００円でも節税効果が大きく変わってきます（※）。

※Aさんは所得税と住民税を合わせて20%で、税負担軽減額は年間5万5200円、Bさんは43%なので、税負担軽減額は年間11万8680円。

職業による掛金の上限例

それぞれの掛金の上限額を確認しよう

自営業者など 第1号被保険者

月額 6万8,000円
(年額816,000円)

学生など 第1号被保険者

月額 6万8,000円
(年額816,000円)

会社員 第2号被保険者

	退職金・企業年金あり	企業型DCのみあり
企業年金に加入している	月額1万2,000円	月額2万円
企業年金に加入していない	月額2万3,000円	

公務員など 第2号被保険者

月額 1万2,000円
(年額144,000円)

専業主婦(夫)など 第3号被保険者

月額 2万3,000円
(年額276,000円)

Lesson 04

iDeCoを運用するうえで知っておきたい

金融機関選びのポイント

手数料の有無をまずチェック！

iDeCoを運用する専用の口座はひとりにつきひとつしか持てないため、申し込みの前には下調べが必要です。その際に重要なポイントになるのが、金融機関に支払う「運営管理手数料」の安さです。

iDeCoでは金融機関のほか、国民年金基金連合会と事務委託先金融機関（信託銀行など）に手数料を支払う必要があり、金額は一律で決まっています。一方で、金融機関に支払う運営管理手数料は加入する金融機関によって金額が異なるため、手数料の安いところを選ぶのが鉄則です。あまり変わらないように見えますが、長期的に運用していくと、大きな違いとなってきます。

次にチェックしておきたいのが商品のラインナップです。iDeCoは金融機関ごとに取り扱っている運用商品が異なります。運用したい商品があるかどうか、また、商品の内容や信託報酬を比較しつつ検討してみましょう。

しっかりしたサポート体制があるかどうかも、金融機関を選ぶ際の重要なポイントです。コールセンターなどのサポート体制が整っていると、困ったりわからないことがあった際に、気兼ねなく相談することができます。

金融機関のホームページにサービス内容が乗っていますので、自分に合っているかを確認しておくといいでしょう。

手数料を把握しよう

iDeCoにかかる手数料

	内訳	料金	支払先
加入時	加入手数料	2,829円	国民年金基金連合会
移管時	移管手数料	0～4,400円	移管前の金融機関
運用期間中	収納手数料	拠出1回につき 105円	国民年金基金連合会
	事務委託手数料	月額 66円	事務委託先金融機関
	運営管理手数料	0～数百円	加入する金融機関
給付時	給付手数料	給付金1回あたり 440円	事務委託先金融機関

金融機関選びのポイント

- 商品のラインナップ
- しっかりしたサポート体制があるかどうか
- 運営管理手数料がかかるかどうか

iDeCoを始める前に基礎知識を学んでおかないと損することに！

Lesson 05

オンラインでも申し込み可能！

iDeCo口座開設までの流れ

まずは申込書類を取り寄せる

口座を開設する金融機関が決まったら、加入申し込みに必要な申込書類を金融機関のホームページやコールセンターなどから取り寄せます。加入者の職業や申し込む金融機関によって多少の違いはありますが、「個人型年金加入申出書」「預金口座振替依頼書兼自動払込利用申込書」は必須となります。申込書類に必要事項を記入したら、記入漏れや不足している書類はないかなど、しっかりと確認してから返送しましょう。間違いがあると、再提出になって二度手間になってしまいます。

郵送した書類は受付金融機関から国民年金基金連合会に送付され、加入者資格の審査にかけられます。この審査には1〜2カ月ほどかかります。審査をクリアすると、国民年金基金連合会から「個人型年金加入確認通知書」が届きます。

また、記録関連運営管理機関からは口座のログインに必要なID・パスワードが記載されたお知らせが郵送で届きます。どちらも重要な情報が記載されているので、届きしだい必ずチェックしましょう。

なお、近年ではオンラインのみで申し込みが完結する金融機関も多いです。書類を送る手間も省け、すばやい口座開設が可能なので、そちらもぜひ検討してみてください。

iDeCoを始めよう

口座開設までの流れ

1 金融機関から申込書類を取り寄せる

受付窓口となる金融機関（ホームページ、コールセンター、店舗窓口など）から申込書類を取り寄せます。その際、被保険者区分を伝えましょう。

注意 被保険者区分を必ず伝えよう

国民年金保険の区分によって提出書類が異なるため、自分の被保険者区分を把握しておきましょう。

2 申込書類に必要事項を記入し、返送する

申し込みの書類に必要事項を記入し、本人確認書類と一緒に返送します。再提出の二度手間を防ぐため、記入漏れや不足している書類はないかなど、しっかりと確認してから返送しましょう。

注意 引き落とし口座の指定に注意

一部のネット銀行や外国の銀行などは、国民年金基金連合会と口座振替契約を行っていないため、注意が必要です。

注意 勤め先に記入を依頼する書類がある

会社員と公務員は「事業主の証明書」を記入してもらい、勤務先の加入対象者であることを証明してもらう必要があります。勤務先の担当部署に依頼しましょう。

3 加入審査の結果を待つ

返送した書類は金融機関から国民年金基金連合会に送付され、加入者資格の審査にかけられます。この審査には1～2カ月ほどかかります。

4 審査完了し、国民年金基金連合会からお知らせが届く

審査が完了すると、国民年金基金連合会から「個人型年金加入確認通知書」が届きます。それとは別に、記録関連運営管理機関からログイン用のIDとパスワードが記載されたお知らせが届きます。

注意 窓口の金融機関からはお知らせが来ない

申込みをするのは金融機関ですが、お知らせはそこからは届きません。加入完了の通知は「国民年金基金連合会」、お知らせは「記録関連運営管理機関」から届くので注意しましょう。

5 iDeCoの初期設定をする

書類提出時に掛金の配分指定をしていなければ、ホームページやコールセンターから初回の配分指定を行います。この指定をしない場合は、金融機関が掲示する指定運用方法で運用がスタートします。

Lesson 06

「元本確保型」と「元本変動型」

利益を取るかリスクを抑えるか

リスクやリターンを考えて選ぼう

iDeCoには「元本確保型」と「元本変動型」の2種類の商品があります。

「元本確保型」は、満期まで保有することで元本と契約時に定められた金利が確保される商品で、具体的に「保険」や「定期預金」などがあります。定期預金は金融機関によって取り扱う期間や利息が違いますが、節税効果があるため、通常の定期預金よりはお得になります。

その反面、iDeCoは途中で解約したり満期を迎えたとしても、60歳までは現金化して引き出すことができないというデメリットがあります。それも踏まえた上で、老後の資産形成として手堅い運用を考えているのであれば、こちらがオススメです。

一方「元本変動型」とは「投資信託」のことを指し、複数の投資家から集めたお金で、運用の専門家が国内外の株式や債券などの資産に投資して運用する金融商品となっています。

運用状況に応じてお金が増えたり減ったりするタイプの商品で、元本割れのリスクはありますが、運用しだいでは大きなリターンを得ることも可能です。

投資信託には、国内外の株式や債券、REITなどがあり、どれかに絞って投資を行うタイプと、複数の商品を組み合わせる「バランス型」があります。

iDeCoの種類を学ぶ

「元本確保型」と「元本変動型」の違い

元本確保型（定期預金・保険）

原則として元本が保証されるタイプの商品。投資対象は「定期預金」や「保険」で、元本割れのリスクがない代わりに、利益は少なめです。

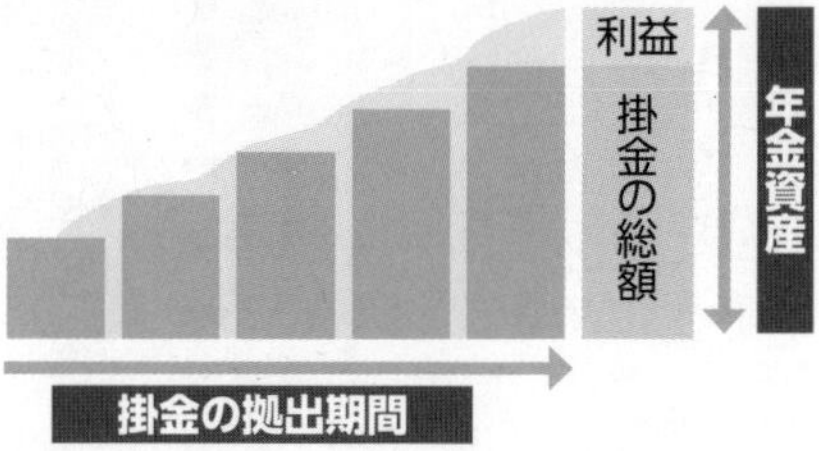

元本変動型（投資信託）

元本が保証されない商品で、iDeCoでは「投資信託」のことです。運用成績によってはお金が増えたり減ったりするタイプの商品です。

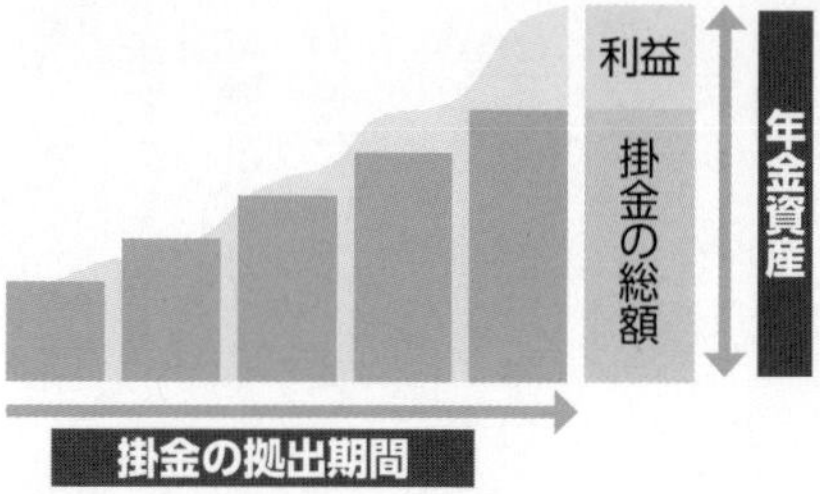

元本確保型の対象商品

- 保険
- 定期預金

元本変動型（投資信託）の対象商品

- 国内株式
- 外国株式
- 国内債券
- 外国債券
- REIT
- バランス型

iDeCoの種類を学んで適切に投資できるようにしていきましょう。

Lesson
07

運用方針によって掛金の配分を変更

●運用商品をどの程度購入するかを決定！

複数の資産に分散投資がオススメ

iDeCoとつみたてNISAにはいろいろと似た部分がありますが、投資商品や手数料に大きな違いがあります。iDeCoには保険商品や定期預金などがあり、商品数も豊富ですが、手数料の面で考えるとやや不利です。それに対してつみたてNISA（つみたて投資枠）は商品数が少ないものの、金融庁が厳選した商品のみなので、安心して運用できます。

これらの商品を選んで運用を始める際、毎月の掛金をどの商品にどの程度振り分けるかを指定する「配分指定」をする必要があります。この指定を行わないままでいると、掛金が自動的に金融機関が指定した商品で運用されるため、注意が必要です。

掛金の配分はどのような運用方針を取るかによって決まりますが、長期運用になるので、複数の資産に分散投資するのが基本です。年齢や運用環境の変化によって、リスク・リターンの大きい運用から小さい運用（あるいはその逆）と、最適な配分は常に変化していくので注意が必要です。

これらの運用商品の割合は変更することもでき、掛金額も1年に1回変更できます。また、このような資産配分を、プロに任せられる商品もあります。投資信託商品を選ぶ際には、そういったお任せ商品を活用するのも選択肢になります。

運用方針の例

リスクとリターンを把握する

元本重視型

元本を極力減らしたくない人は定期預金のほか、元本割れリスクの低い国内債券型の投資信託を多めにするのがオススメです。

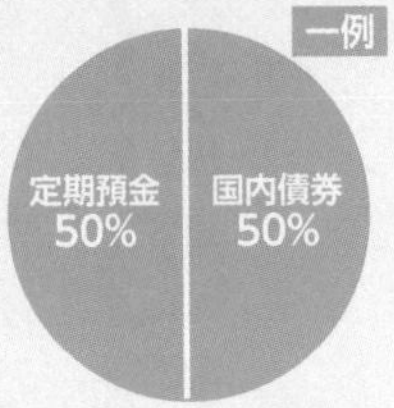

低リスク型

国内外の債券型投資信託の割合を多めにし、株式型投資信託の割合を減らすことで低リスク・低リターンの形になります。

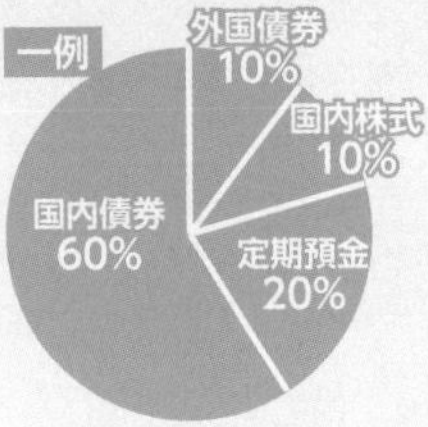

リターン重視型

国内外の株式を組み入れた投資信託をメインとして掛金を配分することで、高リスク・高リターンの運用方針になります。

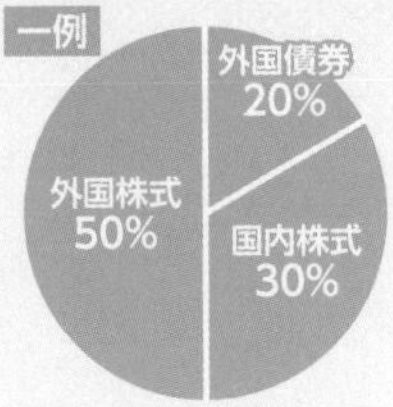

バランス重視型

国内外の債券と国内外の株式を均等に配分する方式で、投資初心者向けのスタイルです。ミドルリスク・ミドルリターンといえます。

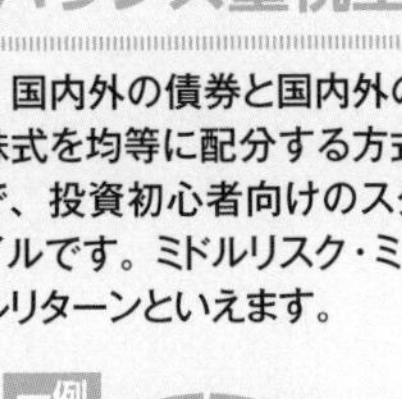

リスクを減らすためにも
分散投資がオススメ

それぞれの運用方法を理解して自分に合ったプランを選びましょう。

Lesson 08

運用方針の見直し

●iDeCoで運用商品を変更するための2つの方法

配分変更とスイッチング

このページでは、iDeCoで運用方針が変わったときの商品の見直し方を解説します。

iDeCoには商品の見直しに伴い、購入する商品とその割合を変更する「配分変更」と、積み立てた商品を売却して別の商品を購入する「スイッチング」という方法があります。

配分変更は、リスク分散などの理由で新しい商品を追加し、既存の所有商品の資金割合を変更するという方法です。

iDeCoは単なる積み立てとは異なり、資産の増やし方を自分で判断して運用する制度です。「元本割れを防ぎたい」「多少のリスクはとれるので、運用効果を高めたい」など、運用する人によって、最適な商品の配分は変わってきます。変更する割合は1%単位で指定でき、手数料もかかりません。ただ、iDeCoの基本は長期投資なので、頻繁に変更するのはあまりオススメしません。

スイッチングは、積み立ててきた商品を売り、別の商品を購入するという手法です。利益が出ていたものの、今後は値が下がりそうな商品を保有しているとき、それらを売却し、別の商品を買うという場合に使われます。なお、スイッチングは完了までに時間のかかる手続きですので、頻繁な手続きにはあまり適していないことを理解しておきましょう。

運用商品の変更とは

掛金の割合を変更する「配分変更」

▶「配分変更」で必要に応じて掛金の配分を変更する

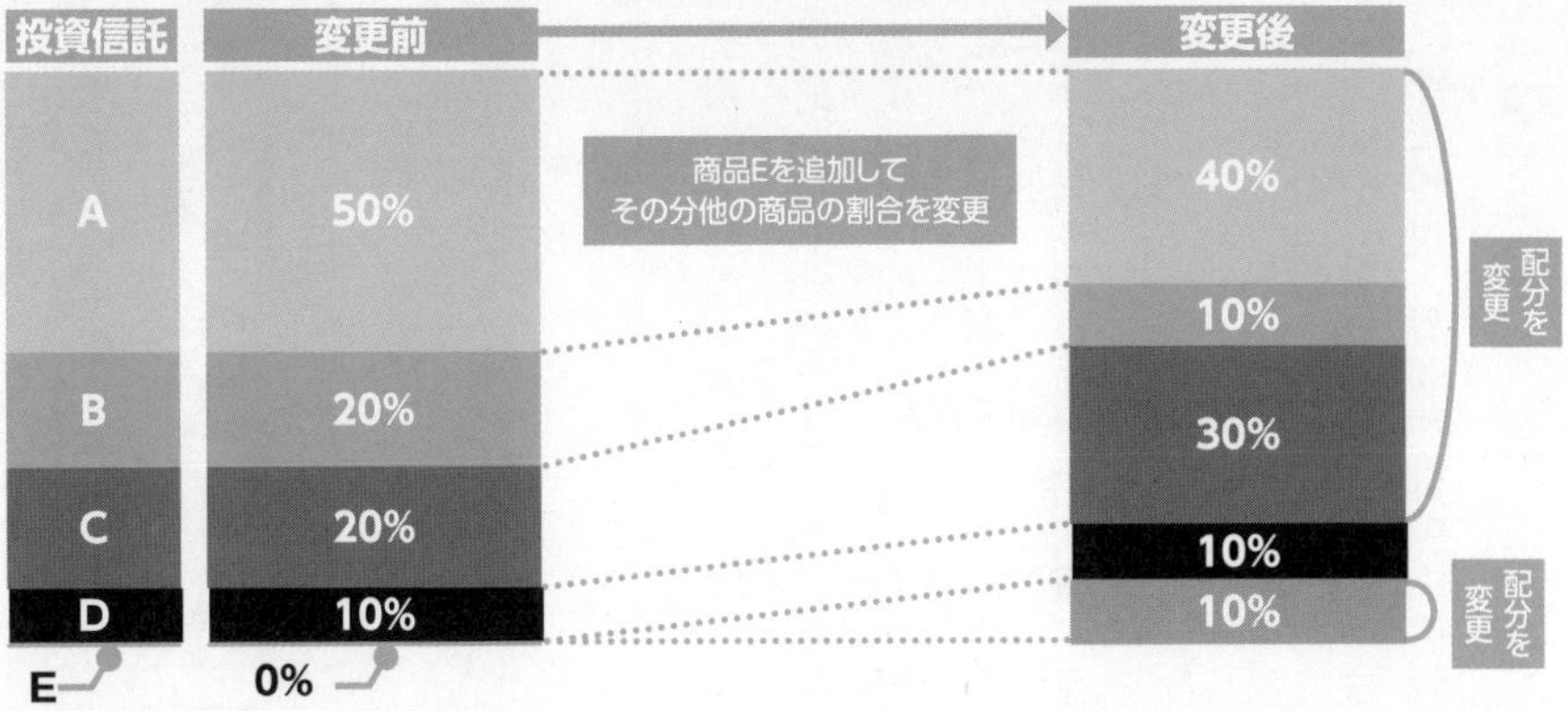

iDeCoの配分変更の一例。商品ABCDでiDeCoの運用を行っていたものの、リスク分散などの理由で途中で新しい商品Eを資金の10%分購入します。その際、他の商品の配分を変更しました。なお、配分変更は回数制限などなく、いつでも行えます。

商品を売って別の商品を購入する「スイッチング」

▶「スイッチング」で購入した商品を売って別の商品を買う

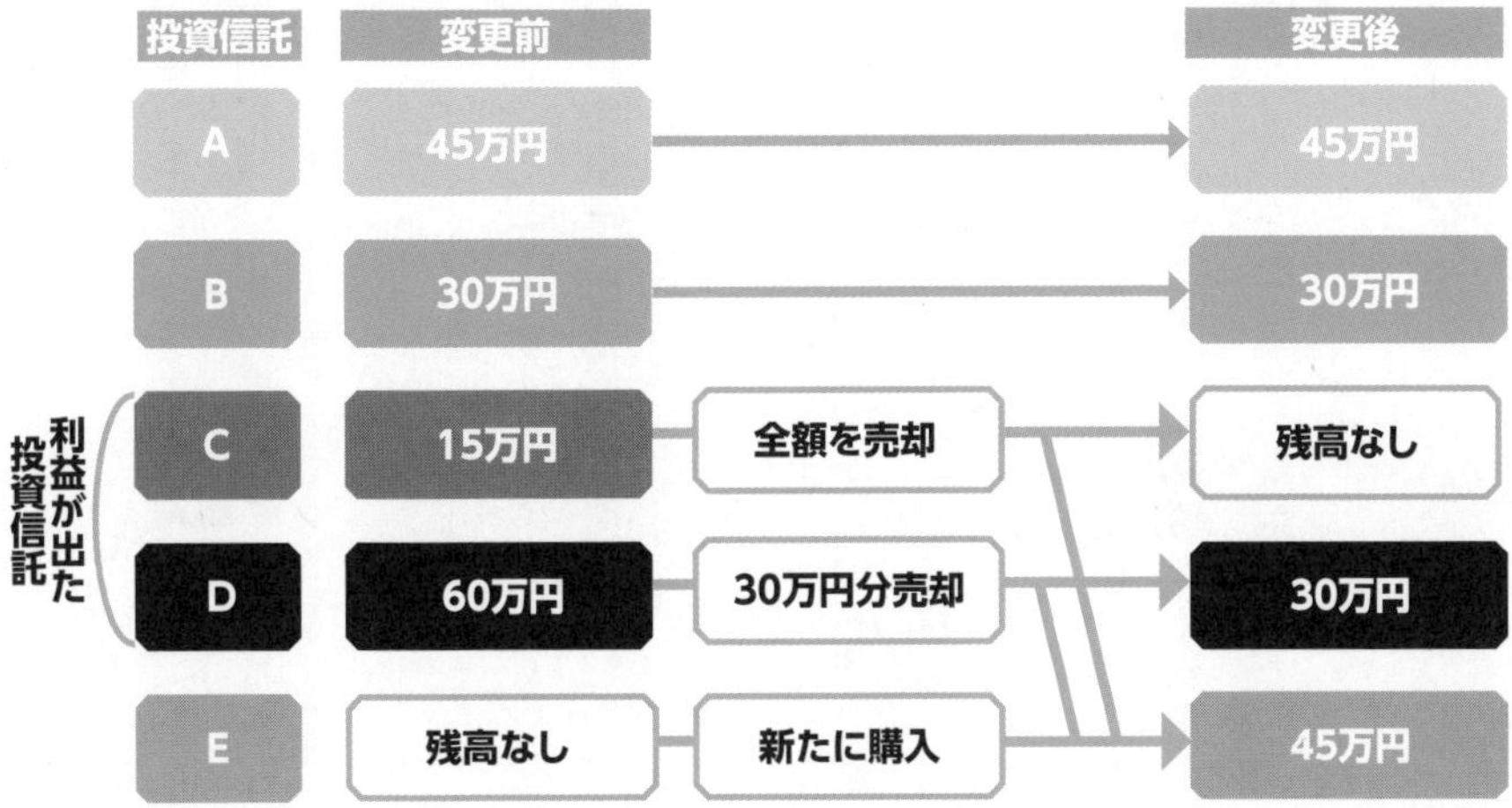

iDeCoのスイッチングの一例です。商品ABCDでiDeCoの運営を開始。途中で商品Cを全額、商品Dを30万円分売却。その資金を使い、新たに商品Eを45万円分購入しました。

Lesson 09

希望する方法を選べる

iDeCoの受け取り方法

iDeCoの受け取り方は3種類

iDeCoに加入していた場合、老齢給付金は60歳から70歳の誕生日の2日前までであれば、好きなタイミングで受け取りを開始できます。老齢給付金は、毎年少しずつ受け取る「年金」か、一度にまとめて受け取る「一時金」、そしてその両方を併用した3通りの形式で受け取れ、自由に選ぶことができます。

それぞれかかる税金が異なる

一時金として受け取る場合、退職所得控除の対象となり節税できます。また、老齢給付金を年金として受け取る場合も公的年金控除が適用され、節税になります。

仮に、年金での受け取り開始を予定していた時期に、投資信託の基準価額が大幅に下落した場合、安値で売却しなくてはならず、大きな損失となってしまいます。

そのようなときは、基準価額が元の水準に戻ることを想定して、受け取りを数年ほど遅らせることもできます。

このように、iDeCoの受け取り方は、一時金・年金形式・一時金＋年金形式の3種類があり、それぞれの受け取り方によってかかる税金が変わってきます。

退職金やそのほかの所得などを把握して、自分に合った受け取り方を選びましょう。

iDeCoの受け取り方

60歳を迎えた人の老齢給付金の受け取り方法は3種類

① 一時金として受け取る場合

60歳を超えたら一時金として一括受取り

退職金の代わりなどで一括受け取りを希望する人もいます。なお、30年間積み立てた場合、1,500万円までは非課税（勤続30年の人の退職所得控除額）。

MEMO 一時金の所得税が0円に!

勤務年数が20年以上の場合、退職所得控除額が「70万円×（勤続年数−20）+800万円」で計算され、退職金と 一時金の合計額以下なら所得税が0円になります。

② 年金として受け取る場合

年金形式で65歳から受け取る場合

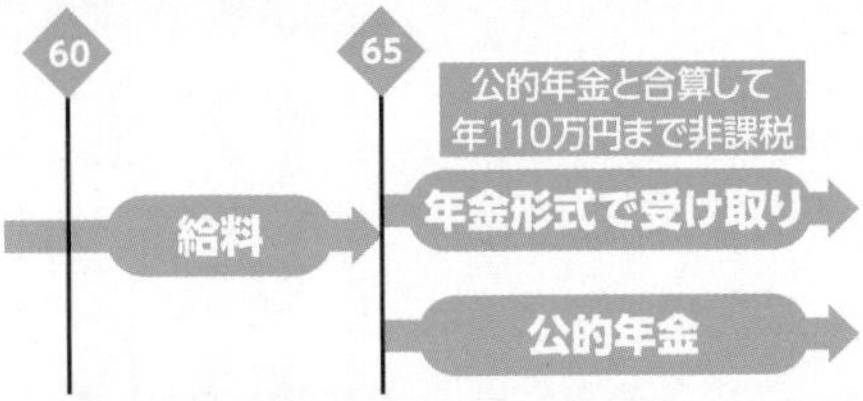

65歳まで働く場合、65歳から公的年金と一緒に年金形式で受け取りも可能。その際、公的年金と合算して年110万円までは非課税になります。

60歳から年金形式で受け取り公的年金支給開始までカバー

60～64歳なら

60歳から年金形式で受け取る場合、公的年金控除額は65歳未満の場合は最低60万円、これを超えると課税され所得が生じます。

③ 一時金と年金を組み合わせて受け取る場合

年金形式で65歳から受け取る場合

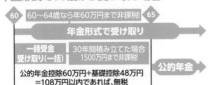

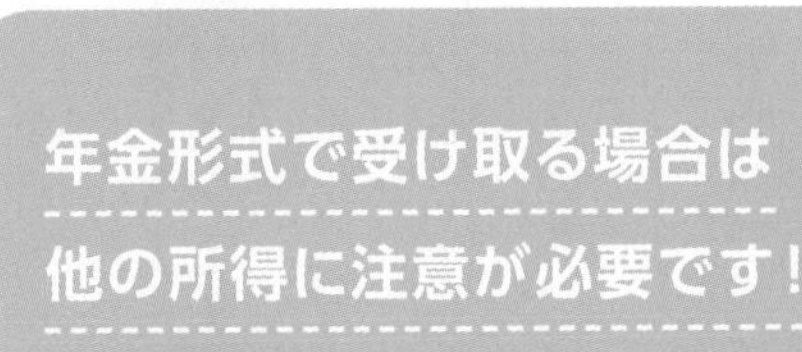

60～64歳なら年60万円まで非課税!

受け取り(一括)

公的年金控除60万円+基礎控除48万円
=108万円以内であれば、無税

iDeCoと同じ時期に高額な退職金を受け取り、退職所得控除額の上限を超えてしまうという場合などに役立ちます。

年金形式で受け取る場合は
他の所得に注意が必要です!

Lesson 10

●例外はあれど条件はかなり厳しい

給付金の受け取りは原則60歳以上

デメリットを把握しておく

これまで紹介してきたように、数多くのメリットがあるiDeCoですが、注意しなければならない点もあります。

まずひとつは、原則として60歳になるまで掛金を引き出せない点。確定拠出年金法に基づき、より豊かな老後の生活を送るための資産形成方法として制度化されたiDeCo。手厚い税制優遇が受けられる代わりに、原則として「老後」とはいえない年代である60歳未満は、給付金の受け取りや積み立てた資産の引き出しはできないしくみになっています。

私的年金である性格上、やむを得ないところですが、急に資金が必要となっても、自分で積み立てた掛金を使えないのは大きなデメリットといえるでしょう。

また月の掛金額も原則年1回しか変更できないため、家計が苦しい際に臨機応変な対応ができないのも不便な点。それだけに月々の掛金額は、慎重に決めるようにしましょう。

60歳未満であっても、「脱退一時金」「障害給付金」「死亡一時金」という3パターンだけは、積み立てていた資金を受け取ることが可能です。一般的な生活を送る現役世代から見れば、これらのケースはあくまで「例外」ですが、念のため内容を把握しておきましょう。

給付金の受け取りについて

60歳未満が資産を引き出せるのはあくまで「例外」

▶60歳未満のiDeCo加入者が積み立てた資産を引き出せる3つの方法

種類	特徴
脱退一時金	以下の①～⑦の条件をすべて満たしていれば 脱退一時金の支給を受けられる ①60歳未満である ②企業型DCの加入者ではない ③国民年金保険料免除者や外国籍海外居住者等、 現状でiDeCo加入者資格を喪失している ④日本国籍を有する海外居住者 （20歳以上60歳未満）ではない ⑤iDeCoの「障害給付金」の受給権者ではない ⑥通算拠出期間が1カ月以上5年以下、 または個人別管理資産の額が25万円以下 ⑦企業型DCまたはiDeCo加入者資格を喪失した日から2年以内
障害給付金	iDeCo加入者が75歳になる前に、以下の①～④の いずれかに当てはまれば障害給付金の支給を受けられる ①障害基礎年金の年金証書等の所持者 ②身体障害者手帳（1～3級）所持者 ③療育手帳（重度の者）所持者 ④精神障害者保健福祉手帳（1級または2級）の所持者
死亡一時金	iDeCo加入者、加入者・運用指図者又は自動移換者が 死亡した場合、遺族が死亡一時金の支給を受けられる

資産を引き出すには運営管理機関への「手続き」が必要

いずれの方法も、単に条件を満たしただけでは資産を引き出せません。もし条件に当てはまっているなら、運営管理機関へすみやかに手続きを行いましょう。

iDeCoは原則60歳以降にお金を受け取る制度です！

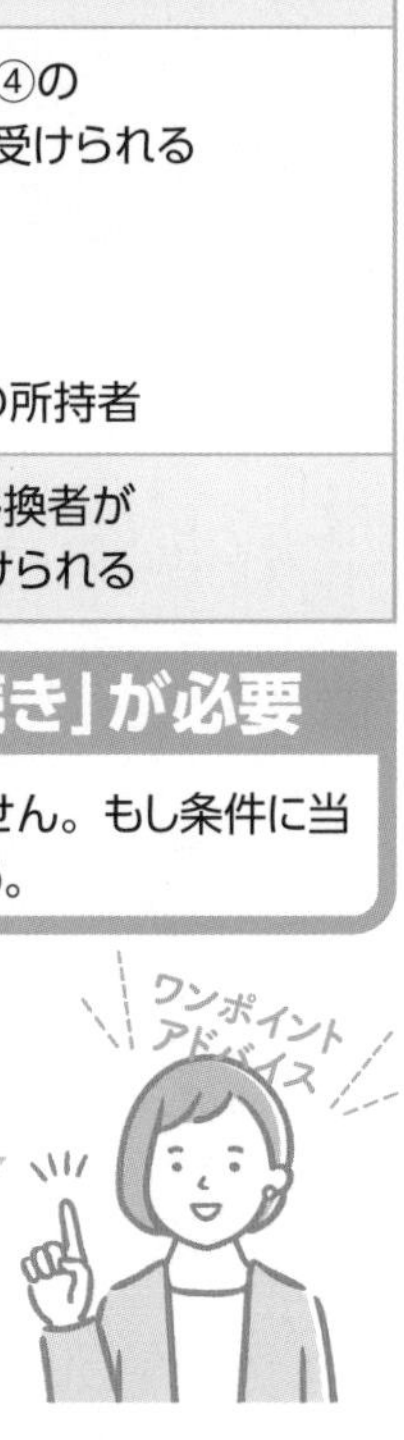

Lesson 11

● 加入や給付時にいくらかかるのか知っておこう

iDeCoでかかるコスト

ｉＤｅＣｏは給付金の受け取りのタイミングだけでなく、さまざまなコストがかかる点にも気をつけなければなりません。

ｉＤｅＣｏへの新規加入や企業型ＤＣから移換する際は、初回の掛金もしくは移換した個人別管理資産から、手数料として２８２９円が徴収されます。この金額については、どの金融機関を利用していても変わりません。

運用期間中の口座管理料が重要

運用期間中も、少額ですが手数料がかかります。毎月の掛金を拠出する際、国民年金基金連合会に手数料を毎月１０５円を支払う必要があります。また、事務委託先金融機関へ支払う事務委託手数料として毎月66円かかります。さらに給付時の手数料として1回あたり４４０円取られるなど、額は多くないものの、さまざまな形で支払いがあります。

ここまではどの金融機関も共通ですが、口座管理費内の「運営管理手数料」は金額が異なり、無料～月４５０円と金融機関によって違います。それほど高くないので気にならないかもしれませんが、ｉＤｅＣｏは長期にわたって運用していく制度です。口座管理料が有料か無料かで、数十年後には大きな違いが出てきます。

できるだけ、運用期間中の口座管理料が安い金融機関を選ぶようにしましょう。

iDeCoの手数料について

加入、掛金納付、給付、還付…それぞれにかかるコスト

新規加入時の手数料

iDeCoへの加入や企業型確定拠出年金からの移換をする場合、初回の掛金もしくは移換した個人別管理資産から、手数料として2,829円が徴収されます。

国民年金基金連合会へ支払う
（全金融機関共通）　**2,829**円（税込）

給付時の手数料

給付（年金の受け取り）時にも、1回の給付あたり440円の手数料がかかります。こちらは資産を管理する金融機関が徴収するもので、金額は共通です。

事務委託先金融機関へ支払う
（全金融機関共通）　給付1回あたり **440**円（税込）

運用期間中の手数料

毎月の掛金を拠出する際、国民年金基金連合会に手数料を毎月105円支払います。また事務委託先記入機関へも、月額66円（それ以上の金融機関も稀にある）手数料を支払います。

国民年金基金連合会へ支払う
収納手数料（全金融機関共通）　月額**105**円（税込）

＋

事務委託先金融機関へ支払う
事務委託手数料（ほぼ共通）　月額**66**円程度（税込）

↓

運用期間中に払う手数料
（ほぼ共通）　月額**171**円程度（税込）

還付の際にも手数料あり

国民年金未納などの理由で発生する還付の際も、国民年金基金連合会と運営管理機関へ手数料を支払います。

金融機関によって金額に大きな差が出るコストもある

運用期間中の口座管理料

iDeCoのコストで最も差が付くのは、運営管理機関へ支払う「口座管理料」。運用期間中に手数料とは別途支払うもので、金額は金融機関によって違い、高い機関でも450円程度ですが、口座管理料が無料の金融機関も少なからず存在します。毎月の金額を見ればそれほど気にならないかも知れませんが、今後数十年にわたって毎月積み立てることを考えれば差額は無視できないレベル。口座開設の際の判断材料となるでしょう。

口座管理を委託した金融機関によって金額は異なる

無料～毎月**450**円程度（税込）

●口座管理料が毎月450円の
金融機関と無料の金融機関とでは…

1年で**5,400**円　5年で**27,000**円
10年で**54,000**円　20年で**108,000**円
30年で**162,000**円　コストに差が出る!!

金融機関変更時もコストに違い

iDeCo口座を開設する金融機関を変更した際、手数料無料の金融機関が大半ですが、なぁには手数料がかかるケースも。変更の際は、事前に手数料の有無を調べておきましょう。

三菱UFJアセットマネジメント

海外株式

eMAXIS Slim 先進国株式インデックス

基準価額

23,492円

米国株を中心に先進国へ投資

マザーファンドを通じ、日本を除く先進国株式に低コストで投資できるインデックス型投資信託。全体の約7割を米国株に投資しているのが大きな特徴です。原則として為替ヘッジを行わないため、為替相場の変動による影響を受けます。

投資信託説明書
(交付目論見書)
使用開始日 2023.1.25
eMAXIS専用サイト https://emaxis.jp/
eMAXIS Slim 先進国株式インデックス
追加型投信／海外／株式／インデックス型
※ご購入に際しては、本書の内容を十分にお読みください。
https://www.am.mufg.jp/
0120-151034
MUFG 三菱UFJ国際投信

基本情報

運用方針	インデックス型	信託報酬	0.09889%
純資産額	5342億5000万円		
リターン(1年)	+9.96%	リターン(3年)	+21.91%
リターン(5年)	+15.25%	リターン(10年)	+13.28%

三菱UFJアセットマネジメント

海外株式

eMAXIS Slim米国株式(S&P500)

基準価額

22,787円

S&P500指数に採用されている米国株式へ投資

マザーファンドへの投資を通じ、米国株式を主要投資対象として、S&P500指数の値動きに連動する投資成果をめざして運用。信託財産の1口当たりの純資産額の変動率を対象インデックスの変動率に一致させることを運用目的にしています。

投資信託説明書
(交付目論見書)
使用開始日 2023.7.25
eMAXIS専用サイト https://emaxis.jp/
eMAXIS Slim 米国株式(S&P500)
追加型投信／海外／株式／インデックス型
ファンドは、2024年1月1日から開始される新しいNISAの成長投資枠およびつみたて投資枠の対象となる予定です。
※販売会社により取扱いが異なる場合があります。くわしくは、販売会社にご確認ください。
※ご購入に際しては、本書の内容を十分にお読みください。
https://www.am.mufg.jp/
0120-151034
MUFG 三菱UFJ国際投信

基本情報

運用方針	インデックス型	信託報酬	0.09372%
純資産額	2兆6808億円		
リターン(1年)	+9.20%	リターン(3年)	+23.20%
リターン(5年)	+17.05%	リターン(10年)	—

楽天投信投資顧問

海外株式

楽天・全世界株式インデックス・ファンド

基準価額

18,897円

ETFと通じて全世界の株式へ投資

「楽天・全世界株式インデックス・マザーファンド」を通じ、世界の株式に丸ごと投資できる、インデックス型の投資信託。日本だけでなく、先進国や新興国など全世界の株式約8,800銘柄に投資できます。原則、為替ヘッジは行いません。

Rakuten
楽天投信投資顧問

投資信託説明書（交付目論見書）
使用開始日：2023年1月13日

楽天・全世界株式インデックス・ファンド
愛称：楽天・VT
追加型投信／内外／株式／インデックス型

商品分類および属性区分

商品分類				属性区分					
単位型・追加型	投資対象地域	投資対象資産（収益の源泉）	補足分類	投資対象資産	決算頻度	投資対象地域	投資形態	為替ヘッジ	対象インデックス
追加型	内外	株式	インデックス型	その他資産（投資信託証券（株式））	年1回	グローバル（日本を含む）	ファミリーファンド	なし	その他（FTSEグローバル・オールキャップ・インデックス）

※属性区分に記載している「為替ヘッジ」は、対円での為替リスクに対するヘッジの有無を記載しております。
※商品分類および属性区分の定義につきましては、一般社団法人投資信託協会のホームページ（https://www.toushin.or.jp/）をご参照ください。

ご購入に際しては、本書の内容を十分にお読みください。

●本書は、金融商品取引法（昭和23年法律第25号）第13条の規定に基づく目論見書です。
●この投資信託説明書（交付目論見書）により行う「楽天・全世界株式インデックス・ファンド」の募集については、委託会社は、金融商品取引法第5条の規定により有価証券届出書を2022年10月13日に関東財務局長に提出し、2022年10月14日にその効力が生じております。
●当ファンドは、商品内容に関して重大な変更を行う場合には、投資信託及び投資法人に関する法律（昭和26年法律第198号）に基づき事前に受益者の意向を確認する手続を行います。
●投資信託の財産は受託会社において信託法に基づき分別管理されています。
●投資信託説明書（請求目論見書）については、販売会社にご請求いただければ、当該販売会社を通じて交付いたします。また、本書には投資信託約款の主な内容が含まれておりますが、投資信託約款の全文は、投資信託説明書（請求目論見書）に掲載されております。
●販売会社に投資信託説明書（請求目論見書）をご請求された場合は、その旨をご自身で記録しておくようお願いいたします。
●当ファンドに関する投資信託説明書（請求目論見書）を含む情報は、委託会社のホームページで閲覧、ダウンロードすることができます。
●ファンドの販売会社、ファンドの基準価額等については、下記の照会先までお問い合わせください。

委託会社の照会先
Rakuten 楽天投信投資顧問 https://www.rakuten-toushin.co.jp/
電話：03-6432-7746 受付時間：営業日の午前9時から午後5時まで

【委託会社】ファンドの運用の指図を行う者
楽天投信投資顧問株式会社
金融商品取引業者 関東財務局長（金商）第1724号
設立年月日：2006年12月28日
資本金：150百万円（2022年7月末現在）
運用する投資信託財産の合計純資産総額：
1,142,201百万円（2022年7月末現在）

【受託会社】ファンドの財産の保管および管理を行う者
三井住友信託銀行株式会社

基本情報

運用方針	インデックス型	信託報酬	0.192%
純資産額	3508億300万円		
リターン(1年)	+9.35%	リターン(3年)	+19.10%
リターン(5年)	+13.27%	リターン(10年)	—

SBIアセットマネジメント

海外株式

SBI・全世界株式インデックス・ファンド 愛称:雪だるま(全世界株式)

基準価額

18,411円

投資対象の6割が米国株、残りは全世界

日本を含む世界の株式へ投資を行っている、ファミリーファンド方式の投資信託。米国株へ6割、その他の先進国・新興国へ4割投資します。マザーファンドは、ETF(上場投資信託)を含む投資信託証券を主要投資対象としています。

投資信託説明書（交付目論見書）
使用開始日 2018.9.5

SBI・全世界株式インデックス・ファンド
愛称：雪だるま（全世界株式）
追加型投信／内外／株式／インデックス型

本ファンドは2018年9月5日付で「EXE-i つみたてグローバル（中小型含む）株式ファンド」から「SBI・全世界株式インデックス・ファンド」へ名称変更しました。

追加型	内外	株式	インデックス型	その他資産（投資信託証券（株式 一般））	年1回	グローバル（日本を含む）	ファミリーファンド	無し	その他（FTSE グローバル・オールキャップ・インデックス（円換算ベース））

※属性区分に記載している「為替ヘッジ」は対円での為替リスクに対するヘッジの有無を記載しております。
商品分類及び属性区分の定義については、一般社団法人投資信託協会のホームページ（http://www.toushin.or.jp/）をご覧ください。

本書は、金融商品取引法第13条の規定に基づく目論見書です。
この目論見書により行う「SBI・全世界株式インデックス・ファンド」の募集については、発行者であるSBIアセットマネジメント株式会社（委託会社）は、金融商品取引法第5条の規定により有価証券届出書を2017年11月17日に関東財務局長に提出しており、2017年12月3日にその効力が生じております。

●ファンドの販売会社、ファンドの基準価額等については、下記委託会社の照会先までお問い合わせください。
●ファンドに関する金融商品取引法第15条第3項に規定する目論見書（以下「請求目論見書」といいます。）は委託会社のホームページに掲載しています。
●請求目論見書については販売会社にご請求いただければ当該販売会社を通じて交付いたします。
●販売会社に請求目論見書をご請求された場合は、その旨をご自身で記録しておくようにしてください。
●ファンドの投資信託約款の全文は請求目論見書に掲載しています。
●ファンドの内容に関して重大な変更を行う場合には、投資信託及び投資法人に関する法律に基づき事前に投資者のご意向を確認いたします。
●投資信託の財産は、信託法によって受託会社において分別管理されています。

委託会社：SBIアセットマネジメント株式会社
（ファンドの運用の指図等を行います。）
金融商品取引業者登録番号：関東財務局長（金商）第311号
設立年月日：1986年8月29日
資本金：4億20万円
運用する投資信託財産の合計純資産総額：3,057億26百万円
※2018年5月末現在

受託会社：株式会社りそな銀行
（ファンド財産の保管・管理等を行います。）

<照会先>
SBIアセットマネジメント株式会社
ホームページ http://www.sbiam.co.jp/
電話番号 03-6229-0097
（受付時間：営業日の午前9時～午後5時）

※ご購入に際しては、本書の内容を十分にお読みください。

基本情報

運用方針	インデックス型	信託報酬	0.1102%
純資産額	1399億1500万		
リターン(1年)	+9.36%	リターン(3年)	+19.27%
リターン(5年)	+13.26%	リターン(10年)	—

三井住友DSアセットマネジメント

国内株式

三井住友・DCつみたてNISA・日本株インデックスファンド

基準価額

39,603円

じっくり資産形成したい人向けの投資信託

TOPIX（配当込み）に連動した投資成果をめざす、インデックス型の投資信託。シンプルに国内株式で運用したい人や、積立投資で中長期的にコツコツ資産形成したい人にはオススメできる商品といえます。

基本情報

運用方針	インデックス型	信託報酬	0.176%
純資産額	1059億2600万円		
リターン（1年）	+19.57%	リターン（3年）	+15.15%
リターン（5年）	+8.94%	リターン（10年）	+8.76%

アセットマネジメントOne

国内債券

One DC 国内債券インデックスファンド

基準価額

11,147円

国内発行の公社債への投資がメイン

主に日本の公社債へ投資する、DC（確定拠出年金）専用投資信託。株式への実質投資割合は、信託財産の純資産総額の10%以下に抑えられます。今後長期政策金利が上昇すれば、リターンにも期待が持てるでしょう。

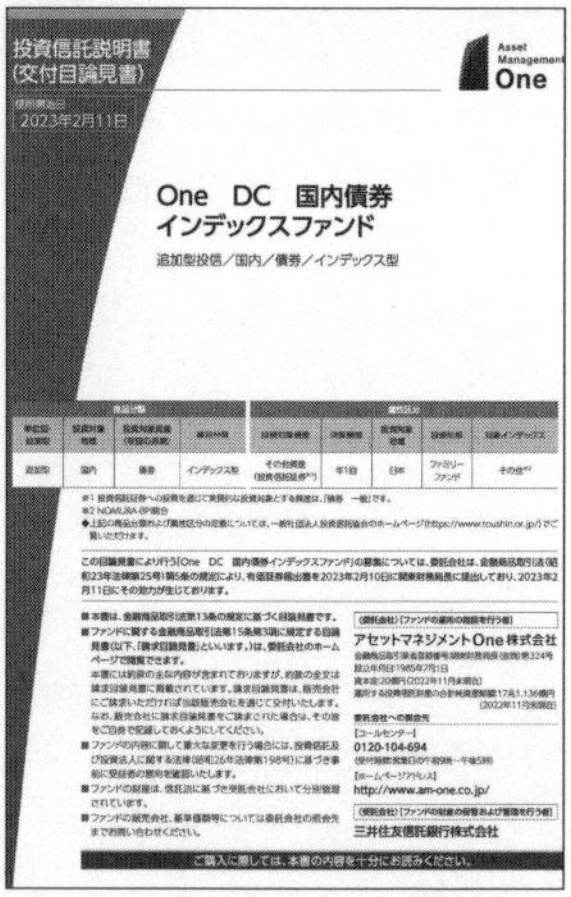

基本情報

運用方針	インデックス型	信託報酬	0.132%
純資産額	50億5000万円		
リターン（1年）	-3.82%	リターン（3年）	-2.53%
リターン（5年）	-1.23%	リターン（10年）	-0.05%

野村アセットマネジメント

海外株式

野村DC外国株式インデックスファンド・MSCI-KOKUSAI

基準価額

32,522円

野村アセットマネジメント

投資信託説明書
（交付目論見書）

使用開始日
2022年12月29日

野村DC外国株式インデックスファンド・MSCI-KOKUSAI

追加型投信／海外／株式／インデックス型

ご購入に際しては、本書の内容を十分にお読みください。

本書は、金融商品取引法（昭和23年法律第25号）第13条の規定に基づく目論見書です。
●ファンドに関する金融商品取引法第15条第3項に規定する目論見書（以下「請求目論見書」といいます。）は野村アセットマネジメント株式会社のホームページに掲載しています。なお、ファンドの投資信託約款の全文は請求目論見書に記載しています。
●ファンドの販売会社、ファンドの基準価額等については、下記の照会先までお問い合わせください。

委託会社 ファンドの運用の指図を行なう者
野村アセットマネジメント株式会社
■金融商品取引業者登録番号：関東財務局長（金商）第373号
<照会先>野村アセットマネジメント株式会社
●サポートダイヤル
0120-753104
●ホームページ
http://www.nomura-am.co.jp/

受託会社 ファンドの財産の保管および管理を行なう者
野村信託銀行株式会社

中長期的な値動きを捉えて投資

iDeCoなどの確定拠出年金専用のファンド。海外の株式を主要投資対象とする同分類ファンドの中で、信託報酬は十分に低い水準です。投資割合は米国へ70%弱で、残りは主にその他の先進国市場の株式へ投資します。

基本情報

運用方針	インデックス型	信託報酬	0.09889%
純資産額	2499億3900万円		
リターン(1年)	+9.89%	リターン(3年)	+21.84%
リターン(5年)	+15.19%	リターン(10年)	+12.41%

野村アセットマネジメント

バランス

マイバランスDC50

基準価額

18,763円

野村アセットマネジメント

投資信託説明書
（交付目論見書）

使用開始日
2022年12月29日

マイバランスDC50

追加型投信／内外／資産複合／インデックス型

ご購入に際しては、本書の内容を十分にお読みください。

本書は、金融商品取引法（昭和23年法律第25号）第13条の規定に基づく目論見書です。
●ファンドに関する金融商品取引法第15条第3項に規定する目論見書（以下「請求目論見書」といいます。）は野村アセットマネジメント株式会社のホームページに掲載しています。なお、ファンドの投資信託約款の全文は請求目論見書に記載しています。
●ファンドの販売会社、ファンドの基準価額等については、下記の照会先までお問い合わせください。

委託会社 ファンドの運用の指図を行なう者
野村アセットマネジメント株式会社
■金融商品取引業者登録番号：関東財務局長（金商）第373号
<照会先>野村アセットマネジメント株式会社
●サポートダイヤル
0120-753104
●ホームページ
http://www.nomura-am.co.jp/

受託会社 ファンドの財産の保管および管理を行なう者
野村信託銀行株式会社

幅広い投資対象にバランスよく資金投入

4つのマザーファンドを通じて、国内&海外の株式及び公社債へバランスよく投資する、DC（確定拠出年金）専用投資信託。原則3ヵ月ごとにリバランスを行っています。偏りなく投資することで、リスクを回避できる投資信託といえます。

基本情報

運用方針	インデックス型	信託報酬	0.154%
純資産額	520億9000万円		
リターン(1年)	+6.28%	リターン(3年)	+8.06%
リターン(5年)	+5.87%	リターン(10年)	+5.74%

セゾン投信

バランス

セゾン・グローバルバランスファンド

基準価額

21,626円

コスト、リスク、リターンのいいとこどり

国内外の株式と債券に投資するインデックスファンドが投資の対象。安定したリターンとアクティブ型としては低いコストを両立しています。株式50%、債券50%で運用し、安定したリターンを獲得したい人におすすめです。

基本情報

運用方針	アクティブ型	信託報酬	0.58%
純資産額	3990億5300万円		
リターン(1年)	+5.67%	リターン(3年)	+11.20%
リターン(5年)	+8.68%	リターン(10年)	+6.98%

ニッセイアセットマネジメント

国内株式

<購入・換金手数料なし>ニッセイ日経平均インデックスファンド

基準価額

20,164円

手数料がかからず低コストで運用できる

国内の証券取引所上場株式のうち、日経平均株価に採用されている銘柄を主要投資対象とし、マザーファンドを通じて投資を行います。なお、日経平均株価の動きに連動する成果を目標として運用します。

基本情報

運用方針	インデックス型	信託報酬	0.143%
純資産額	631億5900万円		
リターン(1年)	+14.04%	リターン(3年)	+12.30%
リターン(5年)	+9.05%	リターン(10年)	—

レオス・キャピタルワークス　国内株式

ひふみプラス

基準価額
51,880円

しっかりとした方針に基づいて運用

主に国内株式を中心に運用するアクティブ型投資信託。しっかりとした運用方針や哲学のもと、臨機応変に対応できる運用が特徴です。長期的な基準価額で見ると、TOPIXのパフォーマンスを大きく凌駕しています。

基本情報

運用方針	アクティブ型	信託報酬	1.078%
純資産額	5226億4000万円		
リターン(1年)	+12.13%	リターン(3年)	+4.15%
リターン(5年)	+6.12%	リターン(10年)	+11.01%

アセットマネジメントOne　バランス

投資のソムリエ <DC年金>

基準価額
10,898円

DC専用のアクティブ型投資信託

国内外の公社債、株式、REITへ投資。安定的な基準価額上昇をめざしつつ投資環境の急変にも対応する、DC（確定拠出年金）専用の投資信託です。投資環境の変化を速やかに察知しながら、安定的な基準価額の上昇をめざします。

基本情報

運用方針	アクティブ型	信託報酬	1.21%
純資産額	390億9900万円		
リターン(1年)	-4.40%	リターン(3年)	-4.67%
リターン(5年)	-0.63%	リターン(10年)	+0.82%

アセットマネジメントOne

バランス

たわらノーロード バランス(8資産均等型)

基準価額

14,087円

ひとつの投資信託でさまざまな対象へ投資

国内外の株式・債券・リートに投資するインデックス型投資信託。この商品ひとつでまるごと世界に投資できるため、コツコツ投資を継続したい人におすすめです。為替ヘッジなしなので、円安時にはメリットを受けられます。

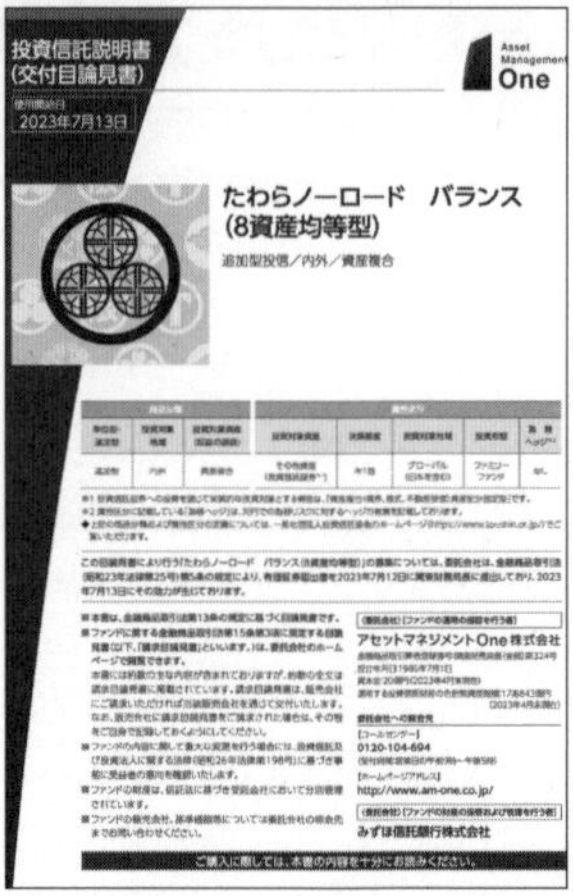

基本情報

運用方針	アクティブ型	信託報酬	0.143%
純資産額	522億8600万円		
リターン(1年)	+3.85%	リターン(3年)	+8.58%
リターン(5年)	+6.40%	リターン(10年)	―

三菱UFJアセットマネジメント

その他

三菱UFJ 純金ファンド

基準価額

23,479円

安定感では定評のある「金」が投資対象

リスクへの強さには定評がある「純金上場信託(現物国内保管型)」が主要投資対象。国内に保管される金の現物を裏付け資産としており、国内の取引所における金価格の値動きをとらえることをめざしています。

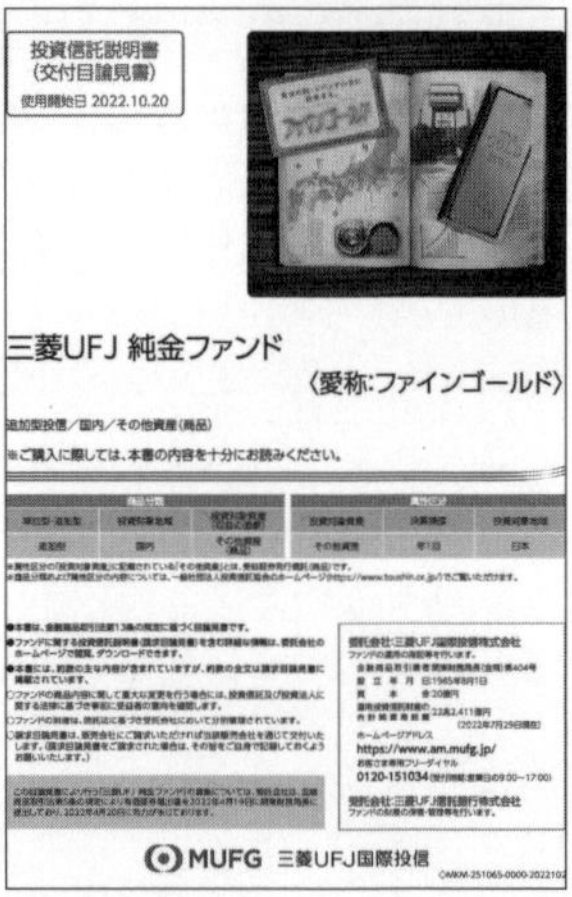

基本情報

運用方針	アクティブ型	信託報酬	0.99%
純資産額	1470億4900万円		
リターン(1年)	+21.65%	リターン(3年)	+13.99%
リターン(5年)	+15.35%	リターン(10年)	+7.43%

5章

Q&A

2024年から始まる新NISAをはじめ
iDeCoや株式投資に関する
疑問に答えていきます

Q1
新NISA

新NISAの「生涯非課税限度額」は どのような形で計算される？

A
買付け残高（簿価残高）で管理されるので 売却すれば「非課税限度枠」を再利用できます。

生涯非課税限度額の範囲内なら、非課税のメリットが無期限で受けられる新NISA。その「限度額」は、買付け残高（簿価残高）で計算されます。買付け残高は「購入したときの買値」で、利益に関しては計算外。たとえば100万円で購入した投資信託が200万円に値上がりしても、限度額の計算上は100万円。売却した場合はその分の非課税限度が空き、再利用できるしくみです。

Q2
新NISA

新NISAの「生涯非課税限度額」は つみたて投資枠or成長投資枠だけで使い切れる？

A
つみたて&成長投資枠だけで「非課税限度額」は 使い切れますが、金額は変わります。

つみたて投資枠と成長投資枠は併用可能ですが「必須」ではないので、生涯非課税限度額を超えることがなければ、どちらか一方だけで使うのでも問題はありません。非課税限度額の上限は1800万円、そのうち成長投資枠は1200万円となっていますので、つみたて投資枠だけを使うなら1800万円まで、成長投資枠だけを使う場合は1200万円までということになります。

Q3 新NISA

新NISAを始める場合、すでに現行のNISAで保有している商品は売却する必要がある？

A 売却の必要はなく、非課税で保有可能です。ただしロールオーバーはできません。

現行ＮＩＳＡ制度をすでに利用している方が新ＮＩＳＡを始める場合、保有している金融商品を売却する必要はありません。一般ＮＩＳＡなら５年間、つみたてＮＩＳＡなら20年間、これまでと同様に非課税で保有し続けることが可能で、非課税期間の途中で売却するのも自由です。ただし非課税期間が終了した後、保有していた金融商品を新ＮＩＳＡへ移管（ロールオーバー）することはできません。

Q4 新NISA

新NISAでも金融機関は変更できますか？その際「生涯非課税限度額」はどうなりますか？

A 新NISAでも金融機関の変更は可能です。「生涯非課税限度額」は国税庁が一括管理します。

現行のＮＩＳＡ制度と同様に、新ＮＩＳＡでも金融機関を変更できます。２０２４年から変更したい場合は、２０２３年10月1日から手続き可能となっています。なお新ＮＩＳＡにおける利用者それぞれの「生涯非課税限度額」は、国税庁において一括管理を行うこととされています。つまり新ＮＩＳＡ利用の金融機関を変更したとしても、そのまま「生涯非課税限度額」は引き継がれていくことになります。

Q5
審NISA

新NISAになって手続きが複雑になるかも？と不安に思ってるんですが…

A
現行NISA→新NISAへの移行は手続きが複雑にならないよう配慮されています。

現行のNISA（一般・つみたて）を利用している人は、新NISA制度開始時にはそのまま新しいNISA口座（つみたて投資枠及び成長投資枠）が設定されるので、複雑な手続きなしで移行が可能です。2023年のうちにNISAを始めれば、購入した金融商品は新NISAと別枠で5年（一般）または20年（つみたて）非課税の恩恵を受けられますので、先行して始めてもいいでしょう。

Q6
審NISA

NISA口座を開設する金融機関によって購入・利用できる商品に違いはありますか？

A
証券会社と銀行・郵便局などでは購入・利用できる商品の種類が異なります。

NISAを利用し商品を購入するためには、金融機関にNISA口座を開設する必要がありますが、金融機関により購入できる商品に違いがあります。証券会社では株式・ETF・REIT・投資信託などが、銀行などでは投資信託などが購入可能。また個々の商品でも取扱金融機関に違いがありますので、購入したい金融商品の内容を検討したうえで金融機関を決めましょう。

Q7 株式投資

株に投資する場合、銘柄はどうやって選べばいいのでしょうか？

A まずは新聞やニュースなどで気になる会社を調べましょう。

株式売買の対象となるのは上場企業の株式ですが、たくさんある企業数がから絞り込むのは難しいと思います。

そこでまずは、新聞やニュースなどで興味を持った会社や、自分がよく利用する会社、応援したい会社などを調べてみましょう。そこから業績や財務状況、配当の状況や株主優待などを確認・分析し、自分自身が納得のいく企業であれば投資してみるのもいいかもしれません。

Q8 株式投資

株式投資における「売買注文」の流れを教えて下さい。

A 基本的には以下の流れで進んでいきます。

株式を売買するときは、まずは銘柄しくは も証券コード、数量、買い方など必要な指示を出して注文します。売買が成立すると数日後に証券会社から「取引（売買）報告書」が届き、売買が成立してから3営業日目に売買代金と株式の受渡しが行われます。なお購入した株式は証券会社の取引口座によって電子的に管理されるので、印刷された株券が手元に届くことはありません。

Q9 株式投資

配当金って実際どのくらいもらえるものなんですか？

A 「配当利回り」でもらえる金額を確認できます

株式投資の配当金をもらう上で、チェックすべきは「配当利回り」です。配当利回りとは株価に対してどのくらいの配当金をもらうことができるかを示したもので、一株当たりの年間配当金を現在の株価で割って求めます。ちなみに多くの場合、パーセンテージで表示されています。なお配当利回りは1～3％辺りが一般的で、それ以上の配当利回りの会社は高配当企業といえるでしょう。

Q10 株式投資

株式を買った場合、配当金はいつもらえるのでしょうか？

A もらえる場合は基本、決算月の2～3カ月後となります。

配当金は、年1回の本決算または中間決算も含め、多くは年2回支払います。ただし利益がなく支払えなかったり、利益があっても配当金を支払わない企業もあり、必ずもらえるわけではありません。

なお配当金が支払われる時期は会社によって異なりますが、通常はその2～3カ月後に支払われます。たとえば3月末決算の企業なら、5～6月に配当金がもらえる形となります。

Q11 株式投資
多額の資金がないと株式投資はできないんですか？

A 数千円から購入できるものや投資方法もあります。

株式投資はまとまった金額を持ってないとできないイメージですが、じつは数万円からでも始められます。さらにあまり資金に余裕がない人でも気軽に始められる株式ミニ投資と株式累積投資があります。

株式ミニ投資は通常の取引株数の10分の1の株数で売買ができる制度。一方、1回の払込金額が1万円からなどの少額で毎月一定金額ずつ同じ銘柄を購入する取引方法が株式累積投資です。

Q12 株式投資
株式投資って、値動きの確認を頻繁に行う必要がありますよね？

A 頻繁に確認しなくても株式投資はできます。

株式投資といえば「毎日市場の値動きをチェックし、こまめに売買して利益を上げる」イメージを抱いている人も多いのではないでしょうか。しかし株主優待や配当金を楽しみながら長期保有する人も数多く存在します。

株式投資には、企業の成長を応援するという社会的意義もあります。長い目で企業の成長を見守りながら少しずつ資産を増やすことを目標にするのも、十分に意義のある「投資」といえるでしょう。

Q13 iDeCo

iDeCoの加入者が亡くなった場合、積み立てていたお金はどうなりますか?

A 「一時金」という形で遺族が受け取れます。ただし相続税の課税対象となります。

iDeCo加入者自身が亡くなった場合、積み立てていたお金は「死亡一時金」として遺族が受け取れます。なお民法で順位が定められている通常の「相続」と異なり「指定受取人」が最優先で受け取れますので、もし希望があればあらかじめ指定しておきましょう。また死亡一時金は、相続税法上では「みなし相続財産」という扱いになり、相続税の課税対象となる点にも注意が必要です。

Q14 iDeCo

国民保険料を未納だった期間があるのですがiDeCoに加入することは可能ですか?

A 加入する時点で払っていれば加入可能です。ただし加入後の未納には注意が必要です。

iDeCoの制度は、国民年金だけでは不足する老後資金を補うという目的で作られています。そのためiDeCo加入時に国民年金を払っていないと加入できませんが、過去に未納期間があっても加入はできます。また加入後に国民年金保険料が未納となると、その月の掛金分を加入者に戻す「還付」手続きが行われます。その場合手数料が還付金から引かれ、積み立て休止手続きをとるよう案内が届く注意が必要です。

Q15 iDeCo

iDeCo引き落とし口座の残高が不足していた場合、どうなるのでしょうか？

A その月の掛金は「拠出されなかった」扱いになり再振替や振込による後納はできません。

iDeCo口座の残高不足で口座振替日に引落しができなかった場合、その月の掛金は「拠出されなかった」扱いになります。iDeCoの掛金には後納や追納というしくみがなく、本来掛金から捻出される管理手数料も口座内資産を一部売却し支払うことになります。さらに節税効果も薄れるなどデメリットが多いので、引き落とし日の前には必ず残高が不足していないかチェックしましょう。

Q16 iDeCo

iDeCoで利用している金融機関がもし破綻した場合はどうなりますか？

A 運用商品が投資信託なら影響ありません。定期預金や保険は保護される上限があります。

iDeCo申し込み窓口の金融機関が破綻した場合は、一時的な手間はかかるものの資産を直接預かっているわけではないので、お金が消える心配はありません。また掛金を運用している金融機関が破綻した場合、投資信託は「分別管理」が徹底されているため影響はありませんが、定期預金など銀行商品はペイオフの対象となるため1000万円＋利息分までは保護され、保険会社の商品も責任準備金の9割は補償されます。

プロが教える！

「新NISA」お金の増やし方

2023年12月4日初版発行

編著
新NISA研究会

発行人
杉原葉子

発行
株式会社電波社
〒154-0002
東京都世田谷区下馬6-15-4
TEL：03-3418-4620
FAX：03-3421-7170
振替口座：00130-8-76758

https://www.rc-tech.co.jp/

印刷・製本
大日本印刷株式会社

乱丁・落丁本は、小社へ直接お送りください。郵送料小社負担にてお取り替えいたします。

本誌の写真・記事などの転載を一切禁じます。

ISBN 978-4-86490-247-2 C0033

©2023 DENPA-SHA CO.,LTD.